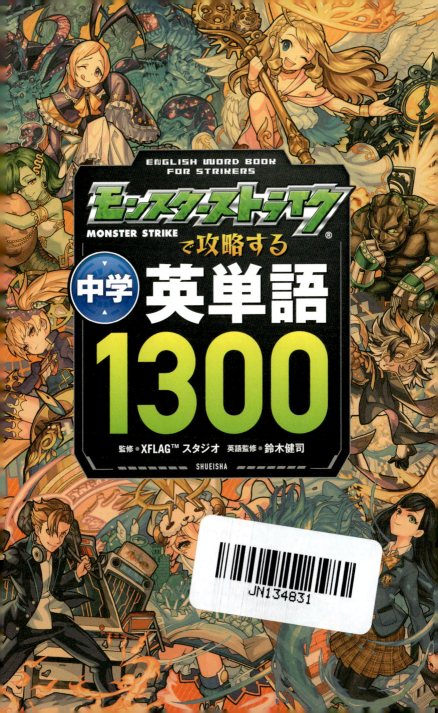

はじめに

　大人気アプリゲームのモンスターストライク，通称「モンスト」。この本を手にした皆さんなら，ほとんどの人が楽しく遊んだことがあるでしょう。

　モンストの大きな魅力のひとつが，モンスターのバリエーションの豊富さです。アプリのリリースから5年以上が経ち，その数はなんと3000を超えました。お気に入りのモンスターをコンプリートしたり，クエスト攻略のためにどんなデッキを組むか考えたり，モンスターにくわしければくわしいほどモンストの楽しみは増すものですよね。

　実は，英単語の学習も，モンスターを集めるのに似ています。

　モンスターに属性やアビリティがあるように，英単語は働きによって動詞や形容詞などの品詞に分類され，それぞれ使い方や特徴が異なります。友情コンボのように，語の結びつきで別の意味を発動したりもします。語形の変化は，モンスターの進化になぞらえることができるかもしれません。

　なにより，手持ちのモンスターが増えればさまざまな組み合わせでクエストを楽しめるように，覚えている英単語が増えれば英語で表現できることの幅がぐっと広がるのです。

　そう考えると，英単語学習も楽しくできる気がしてきませんか？

　本書では，英単語の意味だけでなく，それぞれの使い方や特徴が覚えられるように工夫しました。そして，英単語の使用例にはモンスターが登場し，重要なポイントはオラゴンが解説しています。モンスト好きなあなたの記憶に，英単語が「カーンッ！」とたたきこまれるはず。この一冊で，中学英単語を攻略しましょう！

[モンスターストライクで攻略する中学英単語1300]
CONTENTS

はじめに	002
本書の基本構成と使い方	004

▶まずは覚えておきたい約100語

基本　　　　　　　　　　　　007

人称代名詞／指示代名詞／be動詞／冠詞／数詞

▶人,物,こと,いろいろな名前

名詞　　　　　　　　　　　　019

月・季節／日・週／時間／色／体／顔／人／家族／動物／植物／天気／自然／天体／食べ物／肉／野菜・果物／飲み物／調味料／食器・食事／家／身の回りのもの／電化製品など／文房具／教科／学校／スポーツ／文化／楽器／服／世界・国／言語／旅行／方角／乗り物／職業／街／感情／単位・量など／コミュニケーション／場所・位置など／物語／いろいろな名詞

▶動作や状態を表す言葉

動詞　　　　　　　　　　　　079

超頻出動詞／いろいろな動詞

▶他の単語を修飾して,くわしく説明する言葉

形容詞・副詞　　　　　　　　133
形容詞　気持ち／天気／良し悪し など　　134
副詞　位置・方向・距離／頻度 など　　166

▶英語の理解に欠かせない,その他の品詞

その他の品詞　　　　　　　　181

助動詞／接続詞／代名詞／疑問詞／前置詞／間投詞

さくいん	202

本書の基本構成と使い方

❶ 見出し英単語　❷ 英単語の意味・語形変化　❸ 重要度・学習年度の目安　❹ 見出し英単語の品詞　❺ 熟語やフレーズ　❻ 例文　❼ ワンポイント解説　❽ ボイスと英訳

❶ 見出し英単語

英単語の下に，その単語の発音記号と発音のカタカナ表記を載せました。アクセントを間違えやすい単語は，▽マークでアクセントの箇所を示してあります。

❷ 英単語の意味・語形変化

見出し英単語の主な意味です。❹で示す以外の品詞にもなる場合は，その意味の冒頭に品詞マークで示してあります。不規則な語形変化をする場合などは，関連情報も載せています。

❸ 重要度・学習年度の目安

どの英単語をいつ習うかは，それぞれの中学校や使用する教科書で変わります。そこで，検定教科書6種類を分析し，各単語の重要度と学習年度の目安を示しました。
☆は重要度の目安で，☆の数が多いほど教科書での採用率が高い語です。まずは☆6の単語から優先して覚えましょう。
❶❷❸は，見出し英単語が教科書で初出する学年の目安です。❶は1年生で習うことが多い単語ですので，早めに覚えるようにしましょう。

❹ 見開きページ内の**見出し英単語の品詞**です。

❺ 見出し英単語を使った**熟語**や，よく使う**フレーズ**です。一緒に覚えましょう。

❻ 見出し英単語を使った**例文**です。枠で囲った例文はモンスターに関係する例文です。

❼ オラゴンの**ワンポイント解説**です。単語の使い方や文法の注意点だけでなく，ちょっとした豆知識も教えてくれます。

❽ モンスターの**ボイスと英訳**も例文として載せています。ストライクショットのボイスはⓈⓈ，逃走するときのボイスは㊙，倒されたときのボイスは㊙のマークがついています。

記号と表記

補足情報

オラゴンのウィンクマークがついている枠には，注意点やよく使われるフレーズなど，補足の情報を記載しています。

品詞

- 名 名詞
- 代 代名詞
- 動 動詞
- 助 助動詞
- 形 形容詞
- 副 副詞
- 前 前置詞
- 接 接続詞
- 間 間投詞
- 冠 冠詞

語形変化

不規則な変化や注意が必要な変化の場合のみ載せています。

複 名詞の複数形です。

過 動詞の過去形と過去分詞を下記の順で記しています。
過 – 過去形［発音カタカナ表記］– 過去分詞［発音カタカナ表記］

比 形容詞・副詞の比較級です。
最 形容詞・副詞の最上級です。

LET'S STUDY
ENGLISH WORDS
WITH
MONSTER STRIKE!

基本

英語の会話や文章では必ず出てくる
基本の代名詞／be動詞／冠詞,
また,数を表すときに使う数詞をまとめてあります。

まずは暗記してしまうのである！

人称代名詞

人称代名詞は、ものや人の名前を表す「名詞」の代わりに用いられる語である。まずは表を見て、「I – my – me – mine」のように発音しながら覚えるのであ〜る！

単数

	(主格) 〜は	(所有格) 〜の	(目的格) 〜を / 〜に	(所有代名詞) 〜のもの
私	I [ái]アイ	my [mai]マイ	me [miː]ミー	mine [máin]マイン
あなた	you [juː]ユー	your [juər]ユア	you [juː]ユー	yours [júərz]ユアズ
彼	he [hiː]ヒー	his [hiz]ヒズ	him [him]ヒム	his [híz]ヒズ
彼女	she [ʃiː]シー	her [hər]ハ	her [hər]ハ	hers [həːrz]ハ〜ズ
それ	it [it]イト	its [its]イッ	it [it]イト	—

複数

	(主格) 〜は	(所有格) 〜の	(目的格) 〜を / 〜に	(所有代名詞) 〜のもの
私たち	we [wi]ウィ	our [ɑːr]アー	us [əs]アス	ours [áuərz]アウアズ
あなたたち	you [juː]ユー	your [juər]ユア	you [juː]ユー	yours [júərz]ユアズ
彼ら 彼女ら それら	they [ðei]ゼイ	their [ðeər]ゼア	them [ðəm]ゼム	theirs [ðéərz]ゼアズ

～は（主格）▶主語になるときの人称代名詞の形。

I	代 私は，私が

 常に大文字で書く。

you	代 あなたは，あなたが

he	代 彼は，彼が

 1人の男性に使う。

she	代 彼女は，彼女が

1人の女性に使う。

it	代 それは，それが

1つのもの。

we	代 私たちは，私たちが

you	代 あなたたちは，あなたたちが

 単数のときと形がいっしょ。

they	代 彼らは〔が〕，彼女らは〔が〕，それらは〔が〕

 複数の人，もの。

名物エビフライオラゴン

I am Oragon!
I have a good friend.
オラ様はオラゴンである！
オラ様にはいい友達がいるのであ～る。

I play Monster Strike.　　私はモンストをする。
Are you students?　　あなたたちは学生ですか？
She has a watch. It is new.　　彼女は腕時計を持っている。それは新しい。
We are from Hokkaido.　　私たちは北海道出身です。

〜の（所有格） ▶〈所有格＋名詞〉の形で, 持ち主を表す人称代名詞。

my	代 私の
your	代 あなたの
his	代 彼の
her	代 彼女の
its	代 その, それの

our	代 私たちの
your	代 あなたたちの
their	代 彼らの, 彼女らの, それらの

とんこつラーメンオラゴン

My wallet is red.
Tonkotsu-ramen is one of my favorites!
オラ様の財布は赤いのである。
とんこつラーメンは
オラ様の好物である！

I study in <u>my</u> room.
私は私の部屋で勉強する。

Is this <u>your</u> umbrella?
これはあなたの傘ですか？

That man is <u>their</u> father.
その男性は彼らの父親だ。

～を／～に（目的格）▶ 動詞や前置詞の後ろで，目的語になる人称代名詞。

me	代 私を，私に	**us**	代 私たちを，私たちに
you	代 あなたを，あなたに	**you**	代 あなたたちを，あなたたちに
him	代 彼を，彼に	**them**	代 彼らを〔に〕，彼女らを〔に〕，それらを〔に〕
her	代 彼女を，彼女に		
it	代 それを，それに		

Don't make fun of me!
If you do, I will defeat you!
オラ様をからかうのでない！
からかうなら，
お前を撃破するのである！

奥州の覇者オラゴン

Call me later.
あとで私に電話して。

Do you know them?
彼らを知っていますか？

She got a new bag. She likes it very much.
彼女は新しいかばんを買った。彼女はそれをとても気に入っている。

〜のもの（所有代名詞） ▶「所有格＋名詞」を意味する代名詞で、「〜のもの」と訳す。

mine	代 私のもの	**ours**	代 私たちのもの
yours	代 あなたのもの	**yours**	代 あなたたちのもの
his	代 彼のもの	**theirs**	代 彼らのもの, 彼女らのもの, それらのもの
hers	代 彼女のもの		

Let's have fun together!
This world of entertainment is yours!
いっしょに楽しもうなのである！
このエンターテインメントの世界は
あなたたちのものであ〜る！

ケタハズレを超えろ！オラゴン

Your bag is heavier than <u>mine</u>.
あなたのかばんは私のものより重い。

This is not my pen. It's <u>yours</u>.
これは私のペンではありません。あなたのものです。

Which house is <u>theirs</u>?
どの家が彼らのものですか？

指示代名詞

「これ」「あれら」など,人や事,物を直接指し示す代名詞を指示代名詞というのである。ここでは this, that, these, those を紹介するのである。

this
[ðís] **ズィス**

代 これ, この人

 話し手から近い人やものを指す。

Is this your dictionary?　これはあなたの辞書ですか?
Hello, this is Ken.　(電話で)もしもし,こちらはケンです。
・**this week**（今週）

that
[ðǽt] **ザット**

代 あれ, それ, あの人, その人

 話し手から離れた人やものを指す。

That's right.　そのとおりです。
Look at that bird.　あの鳥を見て。

these
[ðíːz] **ズィーズ**

代 これら, この人たち

 this の複数形。

These are my notebooks.　これらは私のノートだ。
・**these days**（このごろ）　　・**these** shoes（この靴）

those
[ðóuz] **ゾウズ**

代 あれら, それら, あの人たち, その人たち

 that の複数形。

What are those?　あれらは何ですか。
・**in those days**（当時は）　　・**those** students（あの生徒たち）

be動詞

be動詞は,主語とうしろの語を直接結びつける言葉なのである。原形はbeという動詞で,主語や現在形か過去形かによって形が変わるのであるぞ。

		主語	現在形	過去形
単数	1人称	I	**am** [əm]アム	**was** [wəz]ワズ
	2人称	you	**are** [ər]ア〜	**were** [wər]ワ〜
	3人称	he, she, it, Mikeなど	**is** [iz]イズ	**was** [wəz]ワズ
複数	1人称	we	**are** [ər]ア〜	**were** [wər]ワ〜
	2人称	you		
	3人称	theyなど		

be
[bi]ビー

動 〜である, 〜になる

Be quiet.　静かにしなさい。
I want to be a singer.　私は歌手になりたい。
My father will be home tomorrow.
父は明日, 家にいるでしょう。

been
[bin]ビン

動 ずっと〜である, ずっと〜にいる(ある), 行ったことがある, 行ってきたところだ

beの過去分詞。have been, has beenの形で使う。
She has been there since this morning.　彼女は今朝からそこにいる。

冠詞

名詞の前につくのが冠詞で、a, an, the の3種類あるのである。

a
[ə]ア

冠 **1つの、1人の、ある**

数えられる名詞の単数形の前につけて、不特定のものを表す。子音で始まる語の前で用いる。

I am a student.　　私は学生だ。
There is a book on the table.　　テーブルの上に本が(1冊)ある。
・once a week（週に1度）

an
[ən]アン

冠 **1つの、1人の、ある**

数えられる名詞の単数形の前につけて、不特定のものを表す。母音で始まる語の前で用いる。

I have an apple.　　私はリンゴを(1つ)持っている。
・an hour（1時間）
・an old house（〈1軒の〉古い家）

the
[ðə]ザ

冠 **(1度使った名詞などを指して) その、あの、この**

特定のものを指すときに使い、数えられる名詞にも数えられない名詞にも使う。
母音の前では [ði] ズィと発音する。

I bought a book. The book is on the desk.
私は本を買った。その本は机の上にある。
・the sun（太陽）　　・the east（東）
・the Shinano River（信濃川）

数詞

基数

number [nʌ́mbər] ナンバ	数字, 数	**fifteen** [fiftíːn] フィフティーン	15
zero [zíərou] ズィアロウ	0	**sixteen** [sikstíːn] スィクスティーン	16
one [wán] ワン	1	**seventeen** [sevntíːn] セヴンティーン	17
two [túː] トゥー	2	**eighteen** [eitíːn] エイティーン	18
three [θríː] スリー	3	**nineteen** [naintíːn] ナインティーン	19
four [fɔ́ːr] フォー	4	**twenty** [twénti] トウェンティ	20
five [fáiv] ファイヴ	5	**thirty** [θə́ːrti] サ〜ティ	30
six [síks] スィックス	6	**forty** [fɔ́ːrti] フォーティ	40
seven [sévn] セヴン	7	**fifty** [fífti] フィフティ	50
eight [éit] エイト	8	**sixty** [síksti] スィクスティ	60
nine [náin] ナイン	9	**seventy** [sévnti] セヴンティ	70
ten [tén] テン	10	**eighty** [éiti] エイティ	80
eleven [ilévn] イレヴン	11	**ninety** [náinti] ナインティ	90
twelve [twélv] トウェルヴ	12	**hundred** [hʌ́ndrəd] ハンドレド	100
thirteen [θəːrtíːn] サ〜ティーン	13	**thousand** [θáuzənd] サウザンド	1000
fourteen [fɔːrtíːn] フォーティーン	14	**million** [míljən] ミリョン	100万
		billion [bíljən] ビリョン	10億

序数

順序を表すときに使うのが序数である！
first grade
「1年生（1番目の学年）」
second floor
「2階（2番目の階）」

first [fə́ːrst] ファ〜スト	1番目(の)
second [sékənd] セカンド	2番目(の)
third [θə́ːrd] サ〜ド	3番目(の)
fourth [fɔ́ːrθ] フォース	4番目(の)
fifth [fífθ] フィフス	5番目(の)
sixth [síksθ] スィクスス	6番目(の)
seventh [sévnθ] セヴンス	7番目(の)
eighth [éitθ] エイトス	8番目(の)
ninth [náinθ] ナインス	9番目(の)
tenth [ténθ] テンス	10番目(の)
eleventh [ilévnθ] イレヴンス	11番目(の)
twelfth [twélfθ] トウェルフス	12番目(の)
thirteenth [θəːrtíːnθ] サ〜ティーンス	13番目(の)
fourteenth [fɔːrtíːnθ] フォーティーンス	14番目(の)
fifteenth [fiftíːnθ] フィフティーンス	15番目(の)
sixteenth [sikstíːnθ] スィクスティーンス	16番目(の)
seventeenth [sevntíːnθ] セヴンティーンス	17番目(の)
eighteenth [eitíːnθ] エイティーンス	18番目(の)
nineteenth [naintíːnθ] ナインティーンス	19番目(の)
twentieth [twéntiiθ] トウェンティエス	20番目(の)
twenty-first [twéntifəːrst] トウェンティファ〜スト	21番目(の)
thirtieth [θə́ːrtiiθ] サ〜ティエス	30番目(の)
fortieth [fɔ́ːrtiiθ] フォーティエス	40番目(の)
fiftieth [fíftiiθ] フィフティエス	50番目(の)
sixtieth [síkstiiθ] スィクスティエス	60番目(の)
seventieth [sévntiiθ] セヴンティエス	70番目(の)
eightieth [éitiiθ] エイティエス	80番目(の)
ninetieth [náintiiθ] ナインティエス	90番目(の)
hundredth [hʌ́ndrədθ] ハンドレドス	100番目(の)

- 21〜99の基数は、十の位のあとに一の位の数(one〜nine)をいうのである。「21」なら twenty-one,「43」なら forty-three となるのであるな。
- 百の位・千の位は、「100」one hundred,「200」two hundred,「300」three hundred〜,「1,000」one thousand,「2,000」two thousand,「3,000」three thousand〜のように数えるのであるぞ。「4,321」は four thousand (and) three hundred twenty-one というのである。
- 日本語では「万,億,兆」のように四桁ごとに単位の表現が変わるが、英語では三桁ごとに単位が変わるのである。「1,000」が (one) thousand,「1,000,000」が (one) million,「1,000,000,000」が (one) billion のように、カンマ(,)の位置で変わっていくのであるぞ!

- 21以降の序数は、一の位がある場合には十以上の位が基数のいい方になるのである。「21」は twenty-first,「43」は forty-third。また、「111」は one hundred eleventh,「112」は one hundred twelfth となるのである。
- 序数は日付を表すときにも使われるのである。「10月24日」は October twenty-fourth というのであるぞ。

名詞

人,物,ことの名前を表す品詞が名詞です。
数を数えられる名詞(可算名詞)と,数えられない名詞(不可算名詞)があります。
特定の人や物の名前を表す場合は固有名詞といって,
頭のアルファベットを大文字で記します。

> 同じカテゴリーの名詞は
> まとめて覚えるのである!

月・季節

January [dʒǽnjuəri] チャニュアリ	1月		**July** [dʒulái] デュライ	7月
February [fébruəri] フェブルアリ	2月		**August** [ɔ́:gəst] オーガスト	8月
March [má:rtʃ] マーチ	3月		**September** [septémbər] セプテンバ	9月
April [éiprəl] エイプリル	4月		**October** [aktóubər] アクトウバ	10月
May [méi] メイ	5月		**November** [nouvémbər] ノウヴェンバ	11月
June [dʒú:n] チューン	6月		**December** [disémbər] ディセンバ	12月

月の名前は，頭文字を必ず大文字で書くのであるぞ！

month [mánθ] マンス	(暦の)月		**calendar** [kǽləndər] キャレンダ	カレンダー
year [jíər] イア	年, 1年(間)		**century** [séntʃəri] センチュリ	世紀, 100年
〜years old「〜歳(年齢)」			the twenty-first century「21世紀」	

春光をもたらす者 ルシファー

The first month of the year is January.
年の最初の月は1月だ。

season [síːzn] スィーズン ★6 ①	季節

autumn [ɔ́ːtəm] オータム ★1 ①	秋

spring [spríŋ] スプリング ★6 ①	春 動 飛び上がる

「泉」の意味もある。hot springで「温泉」。

fall [fɔ́ːl] フォール ★6 ①	秋 動 落ちる

アメリカでは「秋」はfallということが多い。

summer [sʌ́mər] サマ ★6 ①	夏

winter [wíntər] ウィンタ ★6 ①	冬

She played goldfish scooping at a summer festival.
彼女は夏祭りで金魚すくいをした。

夏爛漫少女 マツリ

冬将軍

Are you ready for winter!?
冬の備えは万全か!?

日・週

Sunday [sándei] サンデイ	日曜日
Monday [mándei] マンデイ	月曜日
Tuesday [tjúːzdei] テューズデイ	火曜日
Wednesday [wénzdei] ウェンズデイ	水曜日
Thursday [θə́ːrzdei] サ〜ズデイ	木曜日
Friday [fráidei] フライデイ	金曜日
Saturday [sǽtərdei] サタデイ	土曜日
date [déit] デイト	日付, 月日
day [déi] デイ	日, 1日
week [wíːk] ウィーク	週
weekend [wíːkend] ウィークエンド	週末
holiday [hálədei] ハリデイ	休日, 祝日
Christmas [krísməs] クリスマス	クリスマス
birthday [bə́ːrθdei] バ〜スデイ	誕生日

- 曜日の頭文字も必ず大文字なのである！
- 今日の日付を聞くときは"What is the date today?", 答え方は"It's October 5th, 2020."「2020年の10月5日です」である。
- 「今日は何曜日ですか？」と聞くときは, "What day is it today?"である。日付の聞き方と違うので注意するのであ〜る！

You can get the Fire Jushin-ryu on <u>Tuesdays</u>.
火の獣神竜は<u>火曜日</u>に手に入れられる。

獣神竜・紅

today
[tədéi]トゥ**デイ**　きょう
圓 きょう(は)　★6 ①

tomorrow
[təmárou]トゥ**マ**ロウ　あした
圓 あした(は)　★6 ②

yesterday
[jéstərdei]**イェ**スタデイ　きのう
圓 きのう(は)　★6 ①

「あさって」は the day after tomorrow(あしたの後の日)、「おととい」は the day before yesterday(きのうの前の日) というのである！

I am even more beautiful <u>today</u>♪
<u>今日</u>の私も一段とキ・レ・イ♪

フクワラさん

時間

time
[táim]**タ**イム　時間, 時, 回　★6 ①

時刻を聞くときは"What time is it?"という。
five times「5回」

minute
[mínit]**ミ**ニト　分(時間の単位)　★6 ②

"Wait a minute."は「ちょっと待って」の意味。

hour
[áuər]**ア**ウア　1時間(時間の単位) 時刻　★6 ②

「1時間」「2時間」というときは、timeではなくhour(s)を使うので注意。

second
[sékənd]**セ**カンド　秒(時間の単位)　★1 ③

「2番目の」を意味する序数も同じつづりでsecondという。

morning [mɔ́ːrniŋ] モーニング	朝, 午前
in the morning「朝に, 午前中に」	
noon [núːn] ヌーン	正午
afternoon [æftərnúːn] アフタヌーン	午後
evening [íːvniŋ] イーヴニング	夕方, 晩
night [náit] ナイト	夜
"Good evening." は「こんばんは」。"Good night." は「おやすみなさい」。	
tonight [tənáit] トゥナイト	今夜 副今夜(は)
midnight [mídnait] ミドナイト	真夜中
a.m. [éiém] エイエム	午前
p.m. [píːém] ピーエム	午後
clock [klák] クラック	(置き)時計
watch [wátʃ] ワッチ	(うで)時計 動見る
future [fjúːtʃər] フューチャ	未来, 将来
in the future「将来は」 past「過去」	
moment [móumənt] モウメント	瞬間
period [píː(ə)riəd] ピ(ア)リオド	期間, 時期
the Edo period「江戸時代」	

> Nobody can stop the flow of **time**...
> 時の流れは何者にも束縛されぬ… Ⓢ

クロノス

色

color 色
[kʌ́lər] カラ

> 色の名前は、そのままの形で形容詞としても使えるであるぞ！

red 赤
[réd] レッド

blue 青
[blúː] ブルー

green 緑
[gríːn] グリーン

yellow 黄色
[jélou] イェロウ

purple 紫
[páːrpl] パ〜プル

white 白
[(h)wáit] (ホ)ワイト

black 黒
[blǽk] ブラック

gray 灰色
[gréi] グレイ

brown 褐色, 茶色
[bráun] ブラウン

orange だいだい色
[ɔ́ːrindʒ] オーレンヂ

pink ピンク色
[píŋk] ピンク

silver 銀
[sílvər] スィルヴァ

gold 金
[góuld] ゴウルド

変彩の魔射手 アレキサンドライト

Answer me!
What color do you see on me!?
答えなさい！
あたしは何色に見えるかしら!?

body
[bádi] バディ
体
胴体

head
[héd] ヘッド
頭

> 首から上の頭部全体を指す。

chest
[tʃést] チェスト
胸

> 心臓・肺を含む。

arm
[ɑ́ːrm] アーム
うで

> 肩先から手首までの部分を指す。

leg
[lég] レッグ
足, 脚

> ももの付け根から足首までの部分を指す。

hand
[hǽnd] ハンド
手

> 手首から先の部分を指す。

foot
[fút] フット
足
フィート（長さの単位）
複 feet [フィート]

> 足首から下の部分を指す。

neck
[nék] ネック
首

shoulder
[ʃóuldər] ショウルダ
肩

stomach
[stʌ́mək] スタマク
腹

back
[bǽk] バック
背中
うしろ
副 うしろに

finger
[fíŋɡər] フィンガ
手の指

> finger は「（親指以外の）手の指」のこと。手の親指は thumb という。

toe
[tóu] トウ
足の指, つま先

elbow
[élbou] エルボウ
ひじ

knee
[níː] ニー
ひざ

> "k" は発音しない。

heel
[híːl] ヒール
かかと

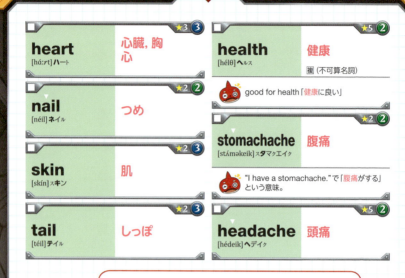

heart [háːrt] ハート ★3 ③	心臓, 胸心
nail [néil] ネイル ★2 ②	つめ
skin [skín] スキン ★2 ③	肌
tail [téil] テイル ★2 ③	しっぽ
health [hélθ] ヘルス ★5 ②	健康 複(不可算名詞)
good for health「健康に良い」	
stomachache [stáməkeik] スタマクエイク ★2 ②	腹痛
"I have a stomachache."で「腹痛がする」という意味。	
headache [hédeik] ヘデイク ★5 ②	頭痛

acheは「痛み」の意味。〈体の部位＋ache〉の名詞は，他にtoothache「歯痛」，backache「背中の痛み（腰痛）」などがあるのであ〜る。

顔

face [féis] フェイス ★6 ①	顔, 表情 動面する
hair [héər] ヘア ★5 ①	髪の毛, 毛 複 hair / hairs
髪全体は数えられないのでhair(不可算名詞)，髪の毛1本1本は数えられるので2本以上の複数形はhairs(可算名詞)。	
eye [ái] アイ ★5 ①	目
eyebrow [áibrau] アイブラウ ★1 ③	まゆ
eyelid [áilid] アイリド ★1 ③	まぶた

ear [íər] イア	耳

nose [nóuz] ノウズ	鼻

mouth [máuθ] マウス	口

mouse「ネズミ」と間違えないように。

cheek [tʃíːk] チーク	ほお

tooth [túːθ] トゥース	歯

複 teeth [ティース]

brush my teeth「歯をみがく」

lip [líp] リップ	くちびる

鼻の下まで含む。

voice [vɔ́is] ヴォイス	声

in a loud voice「大きい声で」

mouthとmouse、よく聞くと発音が違うのである。mouthの"th"は前歯で舌を挟む発音なのがポイント。実際に口に出して、音といっしょに覚えるのである！

人

person
[pə́ːrsn] パ〜スン
人
複 people / persons

a very important person「重要人物(V.I.P.)」

people
[píːpl] ピープル
人々

「国民」として使う場合はpeoplesと複数形にすることができる。

adult
[ədʌ́lt] アダルト
おとな
形 おとなの

child
[tʃáild] チャイルド
子ども
複 children

children
[tʃíldrən] チルドレン
(childの複数形)

kid
[kíd] キッド
子ども
動 からかう

"Just kidding."「冗談だよ」(会話表現)

baby
[béibi] ベイビ
赤ちゃん

He is a baby who is also a king.
彼は赤ちゃんでもあり王様でもある。

王様ビービィ

You must be kind to old people…
老人はもっと労わるものじゃ…

ラザニコフ

boy
[bɔ́i] ボイ
男の子, 少年

girl
[gə́ːrl] ガ〜ル
女の子, 少女

man
[mǽn] マン
(おとなの)男性
複 men [メン]

woman
[wúmən] ウマン
(おとなの)女性
複 women [ウィメン]

> The boy and girl are twins.
> その男の子と女の子は双子だ。

大黒天

gentleman
[dʒéntlmən] **ヂェ**ントルマン
紳士
複 gentlemen [**ヂェ**ントルメン]
★3 ③

lady
[léidi] **レ**イディ
淑女
★3 ③

"Ladies and gentlemen, ～" で, 「皆様, ～」という意味の呼びかけ。

Mr.
[místər] **ミ**スタ
…さん, …様, …氏, …先生
★6 ①

男性の姓または姓名につける敬称, misterの略。

Mrs.
[mísiz] **ミ**セズ
…さん, …様, …夫人, …先生
★6 ①

結婚している女性の姓または姓名につける敬称, mistressの略。

Ms.
[míz] **ミ**ズ
…さん, …様, …先生
★6 ①

既婚・未婚を問わず女性の姓または姓名につける敬称。

家族

family
[fǽməli] **ファ**ミリ
家族
★6 ①

name
[néim] **ネ**イム
名前
動 名づける
★6 ①

family name 「姓」, first name 「名」

parent
[péərənt] **ペ**アレント
親
★5 ①

parentsと複数形にすれば「両親」という意味になる。

mother
[mʌ́ðər] **マ**ザ
母
★6 ①

father
[fɑ́:ðər] **ファ**ーザ
父
★6 ①

mom
[mɑ́m] **マ**ム
ママ, お母さん
★6 ①

dad
[dǽd] **ダ**ド
パパ, お父さん
★6 ①

brother
[brʌ́ðər] ブラザ 兄, 弟, 兄弟

sister
[sístər] スィスタ 姉, 妹, 姉妹

> 英語では兄と弟、姉と妹は特に区別しないのである。区別するときは「兄」"big(大きい) brother／older(年上の) brother"、「妹」"little(小さい) sister／younger(年下の) sister"などと表現するのであるぞ！

お菓子の戦士 ヘンゼル&グレーテル

Hansel and Gretel are brother and sister.
ヘンゼルとグレーテルは兄妹だ。

son
[sʌ́n] サン 息子

daughter
[dɔ́ːtər] ドータ 娘

daughterの"gh"は発音しない。

aunt
[ǽnt] アント おば

uncle
[ʌ́ŋkl] アンクル おじ

cousin
[kʌ́zn] カズン いとこ

つづりと発音に注意。

grandmother
[grǽn(d)mʌðər] グラン(ド)マザ 祖母

grandma[グランマー]で「おばあちゃん」。

grandfather
[grǽn(d)fɑːðər] グラン(ド)ファーザ 祖父

grandpa[グランパー]で「おじいちゃん」。

grandchild
[grǽn(d)tʃaild] グラン(ド)チャイルド 孫

複数形はgrandchildren。

grandparent
[grǽn(d)pe(ə)rənt] グラン(ド)ペ(ア)レント 祖父, 祖母

grandparentsと複数形にすれば、「祖父母」という意味になる。

	★3 ①
husband [házbənd] **ハ**ズバンド	夫

	★6 ①
friend [frénd] フ**レ**ンド	友人, 友だち

	★3 ②
wife [wáif] **ワ**イフ 複 wives [ワイヴズ]	妻

	★3 ②
neighbor [néibər] **ネ**イバ	近所の人, 隣国

動物

	★6 ①
animal [ǽnəməl] **ア**ニマル	動物

	★3 ③
human [hjúːmən] **ヒュ**ーマン 形 人間の	人間

	★6 ①
cat [kǽt] **キャ**ット	ネコ

長靴をはいた猫ミント

鳥獣戦隊ギガファイター

	★4 ①
rabbit [rǽbit] **ラ**ビト	ウサギ

	★6 ①
dog [dɔ́ːg] **ド**ーグ	イヌ

	★1 ①
monkey [mʌ́ŋki] **マ**ンキ	サル

"I have a dog." で「イヌを飼っている」の意味。

	★1 ③
frog [frɔ́g] フ**ラ**グ	カエル

	★4 ①
pet [pét] **ペ**ット	ペット

	★1 ②
snake [snéik] ス**ネ**イク	ヘビ

"Do you have any pets?"「ペットを飼っていますか?」

英単語	発音	意味
fox	[fáks] ファクス	キツネ
bear	[béər] ベア	クマ
deer	[díər] ディア	シカ 複 deer(単複同形)
sheep	[ʃíːp] シープ	ヒツジ 複 sheep(単複同形)
horse	[hɔ́ːrs] ホース	馬
cow	[káu] カウ	雌牛, 乳牛
pig	[píg] ピグ	ブタ
lion	[láiən] ライオン	ライオン
tiger	[táigər] タイガ	トラ
leopard	[lépərd] レパド	ヒョウ
elephant	[éləfənt] エレファント	ゾウ
giraffe	[dʒəræf] ヂラーフ	キリン

> シカやヒツジのように群れで行動する動物では、単数形と複数形が同じ場合があるのである！

| mouse | [máus] マウス | ネズミ 複 mice [マイス] |

「(コンピューターの)マウス」の意味もある。

| rat | [rǽt] ラット | ネズミ |

mouseはハツカネズミなど小さなネズミ, ratはそれよりも大型のネズミを指す。

美帝ジラフィーヌ

panda [pǽndə] パンダ	パンダ		**ant** [ǽnt] アント	アリ
koala [kouáːlə] コウアーラ	コアラ		**insect** [ínsekt] インセクト	こん虫
			octopus [áktəpəs] アクトパス	タコ
			turtle [tə́ːrtl] タ〜トル	カメ

青い鳥

bird [bə́ːrd] バ〜ド	鳥		**dolphin** [dálfin] ダルフィン	イルカ
duck [dʌ́k] ダック	アヒル		**whale** [(h)wéil] (ホ)ウェイル	クジラ
turkey [tə́ːrki] タ〜キ	七面鳥			
crane [kréin] クレイン	ツル			

鯉金魚

			fish [fíʃ] フィッシュ	魚

覆 fish（単複同形）

金魚はgoldfishという。

bat [bǽt] バット	コウモリ			
butterfly [bʌ́tərflài] バタフライ	チョウ		**salmon** [sǽmən] サモン	サケ

覆 salmon（単複同形）

基本 / 名詞 / 動詞 / 形容詞・副詞 / その他

植物

plant [plænt] プラント ★6 ③	植物 / 動 植える
leaf [líːf] リーフ ★1 ②	(草木の)葉 / 複 leaves [リーヴズ]
branch [bræntʃ] ブランチ ★2 ③	(木の)枝 / 支店, 支局
root [rúːt] ルート ★1 ②	根
flower [fláuər] フラウア ★6 ②	花, 草花
blossom [blάsəm] ブラサム ★3 ②	(特に果樹の)花

cherry blossoms「桜の花」

seed [síːd] スィード ★2 ③	種, 種子
tree [tríː] トリー ★6 ②	木
grass [grǽs] グラス ★2 ②	芝生 / 草 / 複 grass / grasses

種類を表す場合は, 複数形を用いる。

rose [róuz] ロウズ ★2 ③	バラ
bamboo [bæmbúː] バンブー ★3 ②	竹
cactus [kǽktəs] キャクタス ★1 ③	サボテン

甘露なる花ノ国の精 蒲公英

> I baked delicious flower cookies♡
> お花のクッキー、美味しく焼けましたぁ♡ ⓈⓈ

クッキーの原料「小麦粉」はflourといって,「花」のflowerとまったく同じ発音なのである!

天気

weather [wéðər] ウェザァ 天気 ★6 ②

rain [réin] レイン 雨 ★6 ②
動 雨が降る

climate [kláimit] クライメト 気候 ★1 ②
climate change「気候変動」

rainbow [réinbou] レインボウ にじ ★1 ③

wind [wínd] ウィンド 風 ★5 ③

snow [snóu] スノウ 雪 ★5 ②
動 雪が降る

cloud [kláud] クラウド 雲 ★3 ②

temperature [témpərətʃər] テンペラチャ 温度, 気温, 体温 ★2 ③
high temperature「高温」

ウェザー・サテライト

Today's weather is cloudy, followed by rain with a chance of thunderstorms ♪
曇のち雨(くもり)、ときどき、雷雨だよ～～♪

自然

nature [néitʃər] ネイチャ 自然 ★2 ①
覆 (不可算名詞)

wave [wéiv] ウェイヴ 波 ★2 ②

beach [bíːtʃ] ビーチ 浜 ★4 ①

sand [sǽnd] サンド 砂 ★1 ②

	★6 ②		★3 ①
sea [síː] スィー	海	**ocean** [óuʃən] オウシャン	大洋, 海
swim in the sea「海で泳ぐ」		the Pacific Ocean「太平洋」	

海の支配者 ポセイドン

How do you like it!? This is how the Ocean King rides the waves!!
どうよ!?これが海の王の波乗りテクだぜぇ!! ⓢⓢ

	★5 ②		★3 ①
island [áilənd] アイランド	島	**rock** [rák] ラック	岩

	★4 ③		★2 ②
land [lǽnd] ランド	土地 陸 動 着陸する	**stone** [stóun] ストウン	石

	★4 ③		★5 ②
hill [híl] ヒル	丘	**wood** [wúd] ウッド	木, 木材 森

	★6 ②		★3 ③
mountain [máuntin] マウンテン	山	**forest** [fɔ́ːrist] フォーレスト	森林, 森

「〜山」というときは"Mt.〜"と略すことも。Mt. Fuji「富士山」

	★6 ②
river [rívər] リヴァ	川

	★5 ②
lake [léik] レイク	湖

woodは人が住む場所から近い, 小さな森。forestは人が住んでいる場所から離れて, 動物がいるような大きな森を指すのであるぞ。

> The hero lived deep in the forest.
> その英雄は森の奥深くに住んでいた。

ロビン・フッド

fire
[fáiər] ファイア
火
複 (不可算名詞) ★5 ②

air
[éər] エア
空気
複 (不可算名詞) ★4 ③

pollution
[pəlúːʃən] ポルーション
汚染
複 (不可算名詞) ★2 ③

air pollution「大気汚染」

continent
[kántənənt] カンティネント
大陸 ★1 ③

earthquake
[ə́ːrθkweik] ア～スクウェイク
地震 ★4 ②

environment
[invái(ə)rənmənt] インヴァイ(ア)ロンメント
環境 ★3 ②

天体

sky
[skái] スカイ
空 ★5 ①

sun
[sán] サン
太陽 ★6 ②

in the sun「ひなたで」

moon
[múːn] ムーン
月 ★5 ③

a full moon「満月」

star
[stáːr] スター
星 ★6 ②

space
[spéis] スペイス
空間
宇宙 ★2 ②

earth
[ə́ːrθ] ア～ス
地球
地面 ★5 ③

「地球」といいたいときは"the earth"とtheをつける。"(the) Earth"と大文字で書くこともある。

食べ物

food
[fúːd] フード
食べ物
複 food / foods

個々の食品には"s"がつくが、総合的な意味での食料には"s"はつかない。
a lot of food「量がたくさんの食べ物」
a lot of foods「いろいろな種類の食べ物」

toast
[tóust] トウスト
トースト
複 (不可算名詞)

"I had toast for breakfast."「朝食にトーストを食べた」

bread
[bréd] ブレッド
パン
複 (不可算名詞)

a slice of bread「パン1枚」
a loaf of bread「パン1斤」

rice
[ráis] ライス
米
複 (不可算名詞)

spaghetti
[spəgéti] スパゲティ
スパゲッティ
複 (不可算名詞)

noodle
[núːdl] ヌードル
めん

salad
[sǽləd] サラダ
サラダ

curry
[káːri] カ〜リ
カレー

curry and rice「カレーライス」

hamburger
[hǽmbəːrgər] ハンバ〜ガ
ハンバーガー

略して burger ともいう。

sandwich
[sǽn(d)witʃ] サン(ド)ウィチ
サンドイッチ

pizza
[píːtsə] ピーツァ
ピザ
複 pizza / pizzas

a piece of pizza で「一切れのピザ」。複数の枚数や種類を表すときは pizzas となる。

cooking
[kúkiŋ] クキング
料理

home cooking「家庭料理」

セクシーローラー

Here is our signature burger, The Grenade ♥
当店自慢のグレネードバーガーをどうぞ♥

soup
[súːp] スープ
スープ
複 soup / soups ★3 ②

cake
[kéik] ケイク
ケーキ
複 cake / cakes ★6 ①

steak
[stéik] ステイク
ステーキ
★1 ③

"How would you like your steak?"「ステーキの焼き加減は?」
"Medium, please."「ミディアムでお願いします」

chocolate
[tʃákəlit] チャコレト
チョコレート
複 chocolate / chocolates ★4 ②

two bars of chocolate「チョコレート2枚」

dessert
[dizə́ːrt] ディザ〜ト
デザート
★1 ③

desert「砂漠」と間違えないように。

bacon
[béikən] ベイコン
ベーコン
複 (不可算名詞) ★1 ③

肉

meat
[míːt] ミート
肉
複 meat / meats ★3 ②

ふつうは"a"をつけず、複数形なし。種類を表す場合, meatsを用いる。

chicken
[tʃíkin] チキン
とり肉
ニワトリ
複 chicken / chickens ★1 ①

「ニワトリ」を表す場合は可算名詞。

beef
[bíːf] ビーフ
牛肉
複 (不可算名詞) ★4 ③

egg
[ég] エグ
卵
★6 ①

pork
[pɔ́ːrk] ポーク
豚肉
複 (不可算名詞) ★1 ②

It's so good ♪
...What kind of meat is this?
うんま〜い♪…これって何の肉?

ミノタウロス

野菜・果物

| **vegetable** [védʒ(ə)təbl] ヴェデタブル | 野菜 |

★5 ②

> 野菜全般は "s" をつけて vegetables。
> green vegetables「青物野菜」

| **tomato** [təméitou] トメイトゥ | トマト |

★1 ②

| **onion** [ʌ́njən] アニョン | タマネギ |

★1 ③

| **potato** [pətéitou] ポテイトゥ | ジャガイモ |

★2 ①

> tomato も potato も、真ん中の "a"[エイ]にアクセントがあるのがポイント。

イモ男爵

| **carrot** [kǽrət] キャロト | ニンジン |

★2 ①

| **lettuce** [létəs] レタス | レタス |

★1 ③

| **cucumber** [kjúːkʌmbər] キューカンバ | キュウリ |

★1 ③

| **radish** [rǽdiʃ] ラディシュ | ハツカダイコン, ラディッシュ |

★1 ②

| **cabbage** [kǽbidʒ] キャベヂ | キャベツ |

★1 ③

| **corn** [kɔ́ːrn] コーン | トウモロコシ |

★1 ③

| **bean** [bíːn] ビーン | 豆 |

★1 ③

| **mushroom** [mʌ́ʃruːm] マシュルーム | キノコ, マッシュルーム |

★1 ②

| **fruit** [frúːt] フルート | 果物, 果実 |

★5 ②

> ふつう "s" をつけない。種類を表す場合は "s" をつける。
> a basket of fruit「ひとかごの果物」

| **apple** [ǽpl] アプル | リンゴ |

★5 ①

| **orange** [ɔ́ːrindʒ] オーレンヂ | オレンジ |

★6 ①

| **banana** [bənǽnə] バナナ | バナナ |

★3 ②

	★1 ②
strawberry [stró:beri] ストローベリ	イチゴ

	★1 ②
pear [péər] ペア	洋ナシ

	★1 ①
grape [gréip] グレイプ	ブドウ

	★4 ②
cherry [tʃéri] チェリ	サクランボ

ブドウはふさになっているので、ふつう grapesという。grapeという場合は、ひとつぶのブドウを指す。

	★1 ②
pineapple [páinæpl] パイナプル	パイナップル

	★2 ①
lemon [lémən] レモン	レモン

	★1 ①
melon [mélən] メロン	メロン

	★1 ①
peach [pí:tʃ] ピーチ	モモ

	★1 ②
watermelon [wɔ́:tərmelən] ウォータメロン	スイカ

I harvested a lot of fresh vegetables ♪
新鮮なお野菜、たくさん採れましたぁ♪ ⓈⓈ

ペルセポネ

forbidden fruit「禁断の果実」
「禁断の果実の…」
「なんと美味なことでしょう…」 ⓈⓈ

エデン

パイン

She has a pineapple-like hairstyle.
彼女はパイナップルみたいな髪形だ。

飲み物

drink [drínk]ドリンク — 飲み物 ★5①
動 飲む

soda [sóudə]ソウダ — ソーダ ★1②

water [wɔ́:tər]ウォータ — 水 ★6①
「お湯」はhot waterという。

juice [dʒú:s]ヂュース — ジュース ★6①
果汁が100%のものだけをいう。

tea [tí:]ティー — 茶, 紅茶 ★6①
「紅茶」はblack teaだが, 略してteaということが多い。green tea「緑茶」

ice [áis]アイス — 氷 ★3①
ice cream「アイスクリーム」

coffee [kɔ́:fi]コーフィ — コーヒー ★5①

milk [mílk]ミルク — 牛乳 ★5①

飲み物自体は数えられない不可算名詞なのである！
- a cup of coffee「1杯のコーヒー」
- "Give me some water."「水をください」

クイーン・スプラティア

I'm thirsty...Get me a drink♡
のどが渇いちゃった…飲み物をお願い♡

調味料

salt [sɔ́:lt]ソールト — 塩, 食塩 ★2②
複 (不可算名詞)

sugar [ʃúgər]シュガ — 砂糖 ★2②
複 (不可算名詞)

sauce
[sɔ́ːs] ソース

soy sauce「しょう油」

ソース

spice
[spáis] スパイス

薬味, 香辛料, スパイス

vinegar
[vínigər] ヴィネガ

酢
複(不可算名詞)

oil
[ɔ́il] オイル

油
複(不可算名詞)

recipe
[résəpi] レスィピ

調理法, レシピ

taste
[téist] テイスト

味, 味覚
動 味がする

smell
[smél] スメル

におい
動 においをかぐ

渚の用心棒　西瓜頭

I need more salt!
塩が足らねぇよ！

食器・食事

cup
[kʌ́p] カップ

カップ

pot
[pɑ́t] パット

ポット, つぼ

glass
[glǽs] グラス

ガラス
(ガラスの)コップ

複数形 glasses は「めがね」の意味もある。

bottle
[bɑ́tl] バトル

びん

dish
[díʃ] ディッシュ

皿
料理

plate
[pléit] プレイト

皿

dish は大きい深皿, plate は一人分を取り分ける浅く平らな皿。

☆1 ③	☆1 ②
bowl [bóul] ボウル	ボウル, どんぶり
folk [fóuk] フォウク	フォーク

☆2 ②	☆1 ②
knife [náif] ナイフ	ナイフ
chopsticks [tʃɑ́psti ks] チャプスティクス	箸

複 knives [ナイヴズ]

knifeの"k"は発音しない。

two pairs of chopsticks「箸2ぜん」

I eat nabe (Japanese pot dishes) with chopsticks.
私はナベ(日本の鍋料理)を箸で食べる。

鍋奉行

☆3 ②	
meal [míːl] ミール	食事

☆6 ①	
breakfast [brékfəst] ブレクファスト	朝食
dinner [dínər] ディナ	夕食
lunch [lʌ́ntʃ] ランチ	昼食
supper [sʌ́pər] サパ	夕食

dinnerは本来「一日のうちで主な食事」を指す。通常夜食べるが,祝日など昼にdinnerを食べることもある。その場合,夜に食べる軽い夕食はsupperという。

☆4 ①	
snack [snǽk] スナック	軽食, 間食

☆3 ②	
menu [ménjuː] メニュー	メニュー

満漢全席

The meal continues for three full days.
その食事は丸三日間続く。

家

★6 ①		★5 ②	
house [háus] ハウス	家	**wall** [wɔ́ːl] ウォール	壁

★6 ①		★6 ②	
home [hóum] ホウム	家庭, うち 故郷 副 家に	**floor** [flɔ́ːr] フロー	床 (建物の)階

> houseは住んでいる建物, homeは暮らしている場所のイメージ。

> アメリカではthe first floorが「1階」, the second floorが「2階」。
> イギリスではthe ground floorが「1階」, the first floorが「2階」。

★5 ②		★2 ②	
garden [gáːrdn] ガードン	庭	**roof** [rúːf] ルーフ	屋根, 屋上

★5 ①		★3 ②	
door [dɔ́ːr] ドー	戸, ドア, 扉	**stair** [stéər] ステア	(階段の)1段, 階段

> open the door「ドアを開ける」

★1 ①		★6 ①	
key [kíː] キー	かぎ	**room** [rúːm] ルーム	部屋

> 錠(lock)を解くための道具がkey。

★5 ①		★3 ②	
window [wíndou] ウィンドウ	窓	**kitchen** [kítʃin] キチン	台所

		★2 ②	
		bedroom [bédruːm] ベドルーム	寝室

浮遊霊 ポルターガイスト

> I am protecting this house!
> 私がこの家守るんだからぁ！ ⒮⒮

bathroom
[bǽθru:m] バスルーム
浴室
トイレ, 手洗い

"May I use the bathroom?"「お手洗いを借りても良いですか?」

toilet
[tɔ́ilit] トイレト
トイレ, 便器

toiletのほうがbathroomより直接的な表現。

bath
[bǽθ] バス
ふろ

bed
[béd] ベッド
ベッド

chair
[tʃéər] チェア
いす

desk
[désk] デスク
机

table
[téibl] テイブル
テーブル

deskは勉強などをする机, tableは食事や作業をする台を指す。

take a bath「風呂に入る」
皆の者、煮え滾る我が風呂に入るが良い… ⓈⓈ

灼熱浴場 カラカラ帝

身の回りのもの

book
[búk] ブック
本
動 予約する

newspaper
[njú:zpeipər] ニューズペイパ
新聞

magazine
[mægəzí:n] マガズィーン
雑誌

comic
[kámik] カミㇰ
漫画

letter
[létər] レタ
手紙
文字

postcard
[póustkɑ:rd] ポウストカード
郵便はがき

card [ká:rd] カード
カード、はがき

- playing card「トランプの札」
- greeting card「(誕生日やクリスマスの)あいさつ状」

diary [dáiəri] ダイアリ
日記

paper [péipər] ペイパ
紙

toy [tɔ́i] トイ
おもちゃ

- play with toys「おもちゃで遊ぶ」

doll [dál] ダル
人形

plastic [plǽstik] プラスティク
プラスチック

形 プラスチック製の、ビニール製の

- 英語では「ビニール袋」のことを a plastic bag という。

can [kǽn] キャン
缶

rope [róup] ロウプ
ロープ

board [bɔ́:rd] ボード
板

box [báks] バックス
箱

brush [bráʃ] ブラシュ
ブラシ、はけ、筆

動 みがく

- toothbrush は「歯ブラシ」

medicine [médəsn] メディスン
薬

- take a medicine「薬を飲む」

フェルメール

His daily work is to deliver letters and postcards.
彼の日々の仕事は手紙やはがきの配達だ。

電化製品など

electricity ★4 ③
[ilektrísəti] イレクトリスィティ
電気, 電流
複 (不可算名詞)

power ★6 ②
[páuər] パウア
力, 権力

electric power「電力」
solar power「太陽電力」

TV ★6 ①
[tí:ví:] ティーヴィー
テレビ

televisionの略。

video ★6 ①
[vídiou] ヴィデオウ
ビデオ
形 ビデオの

「テレビゲーム」は英語ではvideo gameという。

DVD ★3 ①
[dí:ví:dí:] ディーヴィーディー
DVD

digital versatile(video) discの略。

radio ★4 ②
[réidiou] レイディオウ
ラジオ

camera ★6 ①
[kǽmərə] キャメラ
カメラ

CD ★6 ①
[sí:dí:] スィーディー
CD

compact discの略。

computer ★6 ①
[kəmpjú:tər] コンピュータ
コンピューター

Internet ★6 ②
[íntərnet] インタネト
インターネット

Internetには必ずtheをつける。
on the Internet「インターネット上で」

website ★4 ②
[wébsait] ウェブサイト
ウェブサイト

e-mail ★6 ②
[í:meil] イーメイル
Eメール

electronic mailを短縮した語。

phone ★5 ①
[fóun] フォウン
電話

telephoneの短縮形。
mobile phone, cell phone「携帯電話」

distribute computer viruses
コンピューターウイルスをばらまく

電脳グル PC-G3

robot [róubɑt] ロウバト	ロボット ★5 ②		**machine** [məʃíːn] マシーン	機械 ★3 ③

文房具

pen [pén] ペン	ペン ★6 ①		**textbook** [tékstbuk] テクストブク	教科書 ★3 ①
pencil [pénsl] ペンスル	えんぴつ ★5 ①		**dictionary** [díkʃəneri] ディクショネリ	辞書 ★6 ②
eraser [iréisər] イレイサ	消しゴム ★4 ①		**page** [péidʒ] ペイヂ	ページ ★1 ①
ruler [rúːlər] ルーラ	定規 ★2 ①		**notebook** [nóutbuk] ノウトブク	ノート ★5 ①
case [kéis] ケイス	箱, ケース ★4 ②		**scissors** [sízərz] スィザズ	はさみ ★1 ②

🔴 pencil case「筆箱」　　　🔴 two pairs of scissors「はさみ2丁」

> Pencil rockets,
> get ready to launch...
> 鉛筆ロケット砲弾、発射用意… ⓈⓈ

ペンシルベース

教科

subject
[sʌ́bdʒikt] **サ**ブヂェクト
教科, 科目

English
[íŋgliʃ] **イ**ングリシュ
英語

Japanese
[dʒæpəníːz] ヂャパ**ニー**ズ
日本語／日本人
国語(日本の学校の教科名)

math
[mæθ] **マ**ス
数学

mathematicsを短くした形。イギリスではmathsという。

science
[sáiəns] **サ**イエンス
科学

つづりに注意。"s"の後に"c"が入る。

class
[klǽs] ク**ラ**ス
クラス
授業

lesson
[lésn] **レ**スン
授業

social studies
[sóuʃəl stʌ́diz] **ソ**ウシャル ス**タ**ディズ
社会科

history
[hístəri] **ヒ**ストリ
歴史

the history of Japan「日本史」

P.E.
[píːíː] **ピー**イー
体育

physical education(身体教育)の略。

music
[mjúːzik] **ミュー**ズィク
音楽

classroom
[klǽsruːm] ク**ラ**スルーム
教室

classは学校でみんなで受けるような授業に対して, lessonは個人で受ける習いごとなどに使うのである。

- "I have an English class today."
「今日は英語の授業がある」
- go to a piano lesson
「ピアノのレッスンに行く」

fall asleep during the class
「授業中に寝てしまう」
授業中に居眠りとは何事かぁ〜!

兵法師範 鞍馬天狗

学校

school ★6 ①
[skúːl] スクール
学校

elementary school「小学校」
junior high school「中学校」
high school「高校」
after school「放課後」

> schoolが勉強という本来の目的を意味するとき，a/theはつけないのである。
> "I go to school by bus."「私はバスで(勉強をしに)学校に行く」

teacher ★6 ①
[tíːtʃər] ティーチャ
先生，教師

an English teacher「英語の先生」

student ★6 ①
[stjúːdənt] ステューデント
学生，生徒

classmate ★6 ①
[klǽsmeit] クラスメイト
クラスメイト

test ★5 ②
[tést] テスト
テスト

exam ★2 ③
[igzǽm] イグザム
試験

examinationの略。entrance exam「入学試験」

grade ★3 ③
[gréid] グレイド
学年

the first grade「一年生」

homework ★6 ①
[hóumwəːrk] ホウムワ〜ク
宿題
覆 (不可算名詞)

"I have a lot of homework."「宿題がたくさんある」

uniform ★5 ②
[júːnəfɔːrm] ユーニフォーム
制服，ユニフォーム

school uniform「学校の制服」

college ★3 ③
[kálidʒ] カレヂ
(単科)大学

university ★4 ②
[juːnəvə́ːrsəti] ユーニヴァ〜スィティ
(総合)大学

魔法学園生徒会長 真珠

> She is the head of a magic school's student council.
> 彼女は魔法学園の生徒会長だ。

スポーツ

sport
[spɔ́ːrt] スポート
スポーツ, 運動

"What sport do you like?"「なんのスポーツが好きですか?」

team
[tíːm] ティーム
チーム

player
[pléiər] プレイア
選手

playerは「〜する人」という意味なので, プロの選手以外でも使う。

teammate
[tíːmmeit] ティームメイト
チームメイト

captain
[kǽptin] キャプテン
キャプテン
船長

coach
[kóutʃ] コウチ
コーチ

soccer
[sákər] サカ
サッカー

football
[fútbɔːl] フトボール
フットボール

イギリスではfootball, アメリカではsoccerという。

baseball
[béisbɔːl] ベイスボール
野球

tennis
[ténis] テニス
テニス

table tennis
[téibl tènis] テイブル テニス
卓球

ping-pongともいう。

basketball
[bǽskitbɔːl] バスケトボール
バスケットボール

volleyball
[válibɔːl] ヴァリボール
バレーボール

badminton
[bǽdmintən] バドミントン
バドミントン

蹴鞠 ファンタジスタ 今川義元

He is the captain of a soccer team.
彼はサッカーチームのキャプテンだ。

skiing [skíːiŋ] スキーイング	スキー
swimming [swímiŋ] スウィミング	水泳

> skiing, swimmingは動名詞といって、動詞に"-ing"をつけて「～すること」と名詞の意味をもたせた語であるぞ。

dance [dǽns] ダーンス	ダンス, 踊り / 動 ダンスする, 踊る
goal [góul] ゴウル	ゴール / 目標
point [pɔ́int] ポイント	点
club [klʌ́b] クラブ	クラブ
ball [bɔ́ːl] ボール	球, ボール
racket [rǽkit] ラケト	(テニスなどの)ラケット
ground [gráund] グラウンド	地面 / グラウンド 複 ground / grounds

「地面」を意味する場合は不可算名詞。

field [fíːld] フィールド	野原, 田畑 / 競技場
pool [púːl] プール	(水泳の)プール
gym [dʒím] ヂム	体育館

gymnasiumを短くしたもの。

practice [prǽktis] プラクティス	練習

She is the ace player of a lacrosse club.
彼女はラクロス部のエース選手だ。

純愛の宝石 ルビー

		★4 ①
member [mémbər] メンバ	メンバー	

		★6 ①
fan [fǽn] ファン	(スポーツなどの)ファン	

語源は別だが、fanには「おうぎ, 扇風機」の意味もある。

		★3 ③
teamwork [tíːmwəːrk] ティームワ〜ク	チームワーク	複 (不可算名詞)

		★2 ②
race [réis] レイス	競走, レース	

おなじつづりで「人種」という意味もある。

		★5 ③
tournament [túərnəmənt] トゥアナメント	トーナメント	

		★6 ①
game [géim] ゲイム	試合 / ゲーム	

		★5 ③
match [mǽtʃ] マチ	試合	

アメリカ発祥のスポーツはgame, イギリス発祥のスポーツはmatchを使うことが多いのである。
また, matchは個人競技やセット数を競うスポーツでも使われるのであるぞ！
baseball game「野球の試合」, tennis match「テニスの試合」

		★3 ③
champion [tʃǽmpiən] チャンピオン	チャンピオン	

文化

		★6 ①
song [sɔ́ːŋ] ソーング	歌	

		★6 ①
movie [múːvi] ムーヴィ	映画, 映画館	

		★6 ①
art [áːrt] アート	芸術, 美術	

		★3 ②
anime [ǽnimei] アニメイ	(日本の)アニメ	複 (不可算名詞)

もとはanimationで, 日本で「アニメ」と略された言葉が英語でも通じるようになったのである！

painting [péintiŋ] ペインティング ★3 ①	絵, 絵を描くこと
picture [píktʃər] ピクチャ ★6 ①	写真, 絵

絵の具などで描いた絵paintingに対し, ペンなどで描いた線画はdrawingという。

photo [fóutou] フォウトウ ★4 ②	写真
hobby [hábi] ハビ ★3 ①	趣味

photographの略。
take a photo「写真を撮る」

culture [kʌ́ltʃər] カルチャ ★5 ②	文化

楽器

guitar [gitáːr] ギター ★6 ①	ギター
drum [drʌ́m] ドラム ★6 ①	たいこ, ドラム

楽器を演奏するときは冠詞のtheをつける。
× play guitar, ○ play the guitar

piano [piǽnou] ピアノウ ★6 ①	ピアノ
bell [bél] ベル ★3 ①	ベル, 鐘
violin [vaiəlín] ヴァイオリン ★3 ①	バイオリン
chorus [kɔ́ːrəs] コーラス ★3 ②	合唱, コーラス, 合唱団
flute [flúːt] フルート ★2 ②	フルート
band [bǽnd] バンド ★4 ①	バンド, 楽団

We will change the world, with this song!
いくぜ、背徳ピストルズ！
この歌で世界を！変えたるで〜っ！ SS

変わりだす世界 背徳ピストルズ

服

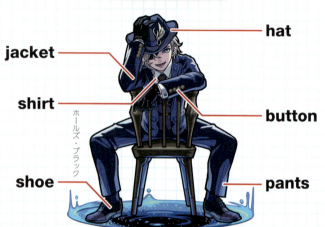

- hat
- jacket
- shirt
- button
- shoe
- pants

ホールズ・ブラック

clothes [klóuz] クロウズ	衣服
jacket [dʒǽkit] ヂャケット	ジャケット, 上着
shirt [ʃə́ːrt] シャート	シャツ
pants [pǽnts] パンツ	ズボン

脚が2本あるので, "s"がついて複数扱い。
a pair of pants「ズボン1着」

shoe [ʃúː] シュー	靴

ふつう複数形で使う。
a pair of shoes「1足の靴」

hat [hǽt] ハット	(ふちのある)帽子
button [bʌ́tn] バトン	(洋服の)ボタン (ベルなどの)押しボタン
pocket [pákit] パケト	ポケット
belt [bélt] ベルト	ベルト
coat [kóut] コウト	上着, コート
sweater [swétər] スウェタ	セーター

聖告の大天使 ガブリエル

	★4 ②
dress [drés]ド**レ**ス	服装, ドレス 動 服を着せる

	★1 ③
skirt [skə́ːrt]ス**カ**ート	スカート

skirtは腰から下を, dressは上半身から下半身まで一着でおおう衣服を指すのである。dressは日本語でいうワンピースであるが, 英語ではワンピースという言い方はしないので注意するのである！

	★4 ①
T-shirt [tíːʃəːrt]**ティー**シャート	Tシャツ

	★1 ③
underwear [ʌ́ndərwèər]**ア**ンダウェア	下着, 肌着 複 (不可算名詞)

	★5 ①
cap [kǽp]**キャ**ップ	(ふちのない) 帽子

 ふちのない水泳帽や, あるいは前にひさしのある野球帽を指す。

	★1 ③
glasses [glǽsiz]グ**ラ**セズ	めがね

 three pairs of glasses「めがね3つ」 wear glasses「めがねをかけている」

	★6 ①
bag [bǽg]**バ**ッグ	かばん, バッグ

	★3 ③
ring [ríŋ]**リ**ング	輪 指輪 動 (ベルなどが) 鳴る

	★3 ①
umbrella [ʌmbrélə]アン**ブレ**ラ	かさ

	★3 ②
costume [kástjuːm]**カ**スチューム	衣装, コスチューム

世界・国

country 国
[kʌ́ntri] カントリ
★6 ②

- a foreign country「外国」

world 世界
[wə́ːrld] ワールド
★6 ②

- around the world「世界中で」

Japan 日本
[dʒəpǽn] ヂャパン
★6 ①

Korea 朝鮮半島／朝鮮, 韓国
[kəríːə] コリーア
★4 ②

China 中国
[tʃáinə] チャイナ
★6 ②

India インド
[índiə] インディア
★5 ①

Egypt エジプト
[íːdʒipt] イーヂプト
★1 ②

Canada カナダ
[kǽnədə] キャナダ
★4 ①

America アメリカ(大陸)／アメリカ合衆国
[əmérikə] アメリカ
★4 ①

United States アメリカ合衆国
[juːnáitid stéits] ユーナイテドステイツ
★4 ③

- 「アメリカ合衆国」の正式名称は the United States of America。必ず the をつける。

Brazil ブラジル
[brəzíl] ブラズィル
★5 ②

Europe ヨーロッパ
[júː(ə)rəp] ユ(ア)ロプ
★4 ③

Spain スペイン
[spéin] スペイン
★3 ③

Germany ドイツ
[dʒə́ːrməni] ヂャ〜マニ
★4 ②

Italy イタリア
[ítəli] イタリ
★1 ②

勇猛の銃士・アトス

I strike the enemy, for my own country!
我が祖国の為、敵を撃つ！

France
[frǽns] フランス
フランス
★4 ②

England
[íŋglənd] イングランド
イングランド
★3 ③

> イギリスのグレートブリテン島から、スコットランドとウェールズを除いた地域。イギリス全体を指すのではない。

U.K.
[júːkéi] ユーケイ
英国, イギリス
★4 ②

> the United Kingdom「連合王国（イギリス本国の名）」の略。正式名称はthe United Kingdom of Great Britain and Northern Ireland。必ずtheをつける。

Russia
[rʌ́ʃə] ラシャ
ロシア
★4 ③

Africa
[ǽfrikə] アフリカ
アフリカ
★5 ②

Australia
[ɔːstréiljə] オーストレイリャ
オーストラリア
★6 ①

New Zealand
[njùː zíːlənd] ニューズィーランド
ニュージーランド
★2 ②

Canadian
[kənéidiən] カネイディアン
カナダ人
形 カナダの, カナダ人の
★1 ②

American
[əmérikən] アメリカン
アメリカ人
形 アメリカの, アメリカ人の
★4 ①

Indian
[índiən] インディアン
インド人
形 インドの, インド人の
★3 ②

Italian
[itǽljən] イタリャン
イタリア人
イタリア語
形 イタリアの, イタリア人の
★1 ②

British
[brítiʃ] ブリティシュ
イギリス人, 英国人
形 イギリスの, イギリス人の
★2 ②

Korean
[kəríːən] コリーアン
朝鮮(韓国)人
朝鮮(韓国)語
形 朝鮮(韓国)の, 朝鮮(韓国)人の
★3 ②

Russian
[rʌ́ʃən] ラシャン
ロシア人
ロシア語
形 ロシアの, ロシア人の
★1 ②

Australian
[ɔːstréiljən] オーストレイリャン
オーストラリア人
形 オーストラリアの, オーストラリア人の
★1 ②

> Someday, I will stand on top of this country!
> いつかあたしは国の頂点に立つ！ Ⓢ

capital
[kæpətl] **キャピ**トル
首都, 中心地
大文字, 頭文字

「首都」「州都」「大文字」のほかにも、「資本金」など、いろいろな意味がある。

London
[lʌ́ndən] **ラン**ドン
ロンドン

New York
[njùːjɔ́ːrk] ニュー**ヨー**ク
ニューヨーク市
ニューヨーク州

Paris
[pǽris] **パリ**ス
パリ

Hawaii
[həwáiiː] ハ**ワイ**ー
ハワイ州

Sydney
[sídni] **スィ**ドニ
シドニー

オーストラリアの首都はCanberra「キャンベラ」。

言語

language
[lǽŋgwidʒ] **ラン**グウェヂ
言語

Japanese
[dʒæpəníːz] ヂャパ**ニー**ズ
日本語
日本人
形 日本の 複 Japanese(単複同形)

talk in Japanese「日本語で話す」

English
[íŋgliʃ] **イン**グリシュ
英語
形 イングランドの, イギリスの

Chinese
[tʃainíːz] チャイ**ニー**ズ
中国語
中国人
形 中国の 複 Chinese(単複同形)

French
[fréntʃ] フ**レン**チ
フランス語
フランス人
形 フランスの

German
[dʒə́ːrmən] **ヂャ**〜マン
ドイツ語
ドイツ人
形 ドイツの

Spanish
[spǽniʃ] ス**パ**ニシュ
スペイン語
スペイン人
形 スペインの

誇り高きフランス王 ダルタニャン

She thinks French is a beautiful language.
彼女はフランス語は美しい言語だと思っている。

旅行

trip [tríp] トリップ ★6 ②	旅行
sightseeing [sáitsi:iŋ] サイトスィーイング ★3 ②	観光 複(不可算名詞)
view [vjú:] ヴュー ★4 ②	景色, ながめ
map [mǽp] マップ ★3 ②	地図
passport [pǽspɔ:rt] パスポート ★2 ②	パスポート
homestay [hóumstei] ホウムステイ ★3 ②	ホームステイ
vacation [veikéiʃən] ヴェイケイション ★6 ②	休暇, 休み
guide [gáid] ガイド ★4 ③	ガイド, 案内人
tour [túər] トゥア ★4 ③	旅行, ツアー
visitor [vízitər] ヴィズィタ ★4 ③	訪問者

方角

east [í:st] イースト ★3 ③	東 形 東の 副 東に
west [wést] ウェスト ★2 ③	西 形 西の 副 西に
north [nɔ́:rθ] ノース ★5 ③	北 形 北の 副 北に
south [sáuθ] サウス ★4 ②	南 形 南の 副 南に

形 western [ウェスタン]「西部の」
Western countries「西洋の国々」

Here I go...
The North Wind Blizzard!!
行くよ…北風ブリザード!!
ⓈⓈ

吹き荒ぶ北風使い イソップ

乗り物

bicycle ★2 ③
[báisikl] バイスィクル — 自転車

"I went to the park by bicycle."「公園に自転車で行った」

bike ★6 ①
[báik] バイク — 自転車, (原付)バイク

「オートバイ」はmotorcycleという。

car ★6 ①
[káːr] カー — 自動車

bus ★6 ①
[bás] バス — バス

移動手段は、「by＋乗り物の名前」で表すのである。ポイントは、冠詞をつけないこと！
× by the car, ○ by car
特定の乗り物での移動を表す場合は、inやonを使うこともあるのであ〜る！　ちなみに徒歩で行くことはon footというのであるぞ。

boat ★5 ②
[bóut] ボウト — ボート, 船

エンジン付きの小型船などもboatという。fish boat「漁船」

ship ★3 ②
[ʃíp] シップ — 船

plane ★6 ②
[pléin] プレイン — 飛行機

airplaneを短縮した語。

flight ★3 ②
[fláit] フライト — 飛ぶこと, (飛行機の)便

taxi ★2 ①
[tǽksi] タクスィ — タクシー

複 taxis / taxies [タクスィズ]

train ★6 ①
[tréin] トレイン — 列車, 電車

動 訓練する

platform ★3 ③
[plǽtfɔːrm] プラットフォーム — (駅の)プラットフォーム

She sailed to Japan on that black ship.
彼女はあの黒船で日本に航海してきた。

黒船の提督 ペリー

tube [tjúːb] テューブ	（ロンドンの）地下鉄 ★3 ②

🔸 主にイギリスでの呼び方。アメリカではsubwayということが多い。

track [trǽk] トラック	線路 通った跡 ★4 ③

🔸 発音が似ているtruck「トラック」とつづりを間違えないように注意。

traffic [trǽfik] トラフィク	交通 ★3 ② 覆 (不可算名詞)

🔸 traffic jam「交通渋滞」

accident [ǽksədənt] アクスィデント	事故 ★2 ③

🔸 car accident「自動車事故」

職業

job [dʒáb] チャブ	仕事, 職業 ★6 ②

🔸 "Good job!"で「よくできました!」という意味になる。

business [bíznis] ビズネス	職業 商売 ★2 ③

🔸 business trip「出張」

lawyer [lɔ́ːjər] ローヤ	弁護士 ★2 ③

officer [ɔ́ːfisər] オーフィサ	公務員, 役人 ★3 ②

police [pəlíːs] ポリース	警察, 警察官たち ★4 ② 覆 police(単複同形)

🔸 policeはtheをつけて複数扱いする。
police officer「警察官」

carpenter [kɑ́ːrpəntər] カーペンタ	大工 ★4 ③

farmer [fɑ́ːrmər] ファーマ	農場主 ★3 ②

怒れる犬官 ケンネル巡査

The <u>police officer</u> is angry.
その<u>警官</u>は怒っている。

chef [ʃéf] シェフ	コック長, シェフ
cook [kúk] クック	コック, 料理人 動 料理をする
waiter [wéitər] ウェイタ	ウェイター

女性の場合はwaitress。

doctor [dɑ́ktər] ダクタ	医者 博士

see a doctorで「医者にみてもらう」という意味になる。

Dr. [dɑ́ktər] ダクタ	(名前の前につけて) …博士, …先生

名前の前につける敬称。

dentist [déntist] デンティスト	歯医者
nurse [nə́ːrs] ナ～ス	看護師
patient [péiʃənt] ペイシェント	患者
driver [dráivər] ドライヴァ	運転手
pilot [páilət] パイロト	(飛行機の)操縦士, パイロット
astronaut [ǽstrənɔːt] アストロノート	宇宙飛行士
writer [ráitər] ライタ	作家, 筆者
journalist [dʒə́ːrnəlist] ヂャ～ナリスト	ジャーナリスト
reporter [ripɔ́ːrtər] リポータ	レポーター, 記者

Genpaku is a doctor who studied Western medicine in the Edo period.
玄白は江戸時代に西洋の医学を学んだ医者だ。

> The nurse is like an angel to me.
> その看護師は私にとっては天使のようだ。

ナイチンゲール

★4 ②
engineer [endʒiníər] エンヂニア　エンジニア

★5 ③
scientist [sáiəntist] サイエンティスト　科学者

★3 ③
photographer [fətágrəfər] フォタグラファ　写真家

★2 ③
president [prézədənt] プレズィデント　大統領, 会長, 社長, 学長

大文字のthe Presidentで「大統領」という意味になる。

★3 ②
actor [æktər] アクタ　俳優

「女優」はactressというが, 最近は男女の区別なしにactorを使うことも多い。

★4 ①
king [kíŋ] キング　王, 国王

★4 ①
singer [síŋər] スィンガ　歌手

★2 ③
artist [á:rtist] アーティスト　芸術家, 画家

★3 ②
designer [dizáinər] ディザイナ　デザイナー

★6 ②
musician [mju:zíʃən] ミューズィシャン　音楽家

★3 ③
athlete [æθli:t] アスリート　運動選手, スポーツマン

"What do you want to be in the future?"で「将来, 何になりたいのであるか?」という意味なのである。
答え方は, "I want to be (a game designer)."「(ゲームデザイナー)になりたい」である!

街

city [síti] スィティ	市, 都市, 都会 ★6 ②	**bridge** [brídʒ] ブリッヂ	橋 ★4 ③
town [táun] タウン	町 ★5 ②	**building** [bíldiŋ] ビルディング	建物 ★5 ②
village [vílidʒ] ヴィレヂ	村 ★5 ②	**address** [ǽdres] アドレス	住所 ★2 ③ 動 話しかける

規模は city ＞ town ＞ village の順。

		airport [éərpɔːrt] エアポート	空港 ★4 ②
farm [fáːrm] ファーム	農場 ★2 ①	**station** [stéiʃən] ステイション	駅 ★6 ①
road [róud] ロウド	道路 ★3 ②	**park** [páːrk] パーク	公園 ★6 ① 動 (自動車などを)駐車する
street [stríːt] ストリート	通り ★6 ①	**statue** [stǽtʃuː] スタチュー	像 ★3 ③
light [láit] ライト	光, 明るさ ★4 ②	**zoo** [zúː] ズー	動物園 ★6 ①

traffic light「信号機」
red light「赤信号」, green light「青信号」

zoological garden(s) を短くした語。

信号兇

> If you want to cross the street, press this button!
> 渡りたいなら、ボタンを押すのだ！ ㊟

aquarium [əkwéəriəm] アクウェアリアム ★2 ②	水族館	customer [kástəmər] カストマ ★3 ②	(店の)お客
store [stɔ́ːr] ストー ★6 ②	店 / 動 蓄える	bakery [béikəri] ベイカリ ★1 ②	パン屋
shop [ʃɑ́p] シャップ ★6 ②	店 / 動 買い物をする	cafeteria [kæfətí(ə)riə] キャフェティ(ア)リア ★3 ①	カフェテリア

shopは小さい店や専門店に使うことが多い。

セルフサービスでメニューを選ぶスタイルの食堂。日本語の「カフェ」とは別。

bookstore [búkstɔːr] ブクストー ★5 ②	本屋	restaurant [réstərənt] レストラント ★6 ①	レストラン
supermarket [súːpərmɑːrkit] スーパマーケト ★2 ②	スーパー	bank [bǽŋk] バンク ★3 ②	銀行
convenience store [kənvíːnjəns stɔːr] コンヴィーニャンス ストー ★3 ②	コンビニ		

work at a bank「銀行で働く」

		hospital [háspitl] ハスピトル ★6 ②	病院
department store [dipáːrtmənt stɔːr] ディパートメント ストー ★3 ②	デパート	police box [pəlíːs bɑ̀ks] ポリース バクス ★1 ②	交番

海辺の看板娘 スキュラ

> She sells Takoyaki at the shop.
> 彼女は<u>店</u>でたこ焼きを売っている。

library [láibreri] ライブラリ	図書館		**tower** [táuər] タウア	塔, タワー
museum [mjuːzíːəm] ミューズィーアム	博物館, 美術館		Tokyo Tower「東京タワー」	
visit a museum「博物館へ行く」			**hotel** [houtél] ホウテル	ホテル
castle [kǽsl] キャスル	城		stay at a hotel「ホテルに泊まる」	
church [tʃə́ːrtʃ] チャ〜チ	教会		**company** [kámpəni] カンパニ	会社
temple [témpl] テンプル	神殿, 寺院		**office** [ɔ́ːfis] オーフィス	事務所, 会社
shrine [ʃráin] シュライン	神社		**clerk** [kláːrk] クラ〜ク	事務員, 店員
gate [géit] ゲイト	門		**hall** [hɔ́ːl] ホール	ホール
gate of a temple「寺の門」			**theater** [θíətər] スィアタ	劇場
			movie theater「映画館」	

シェヘラザード

She works at the library.
彼女は図書館で働いている。

stadium [stéidiəm] ステイディアム ★6 ②	スタジアム
performance [pərfɔ́:rməns] パフォーマンス ★3 ③	公演, 演奏, 演技
concert [kánsərt] カンサト ★5 ③	コンサート
ticket [tíkit] ティケト ★3 ②	切符, チケット
stage [stéidʒ] ステイヂ ★4 ③	舞台, ステージ
seat [sí:t] スィート ★4 ③	座席, 席 / 動 座らせる

感情

feeling [fí:liŋ] フィーリング ★4 ③	感情

feelingsで「感情, 気持ち, 思いやり」の意味。

mind [máind] マインド ★2 ③	心, 精神
spirit [spírit] スピリト ★3 ②	精神, 心
happiness [hǽpinis] ハピネス ★2 ③ 複 (不可算名詞)	幸福, 満足
fun [fʌ́n] ファン ★6 ② 複 (不可算名詞)	楽しさ

"I had a lot of fun today."「今日は楽しいことがたくさんあった」

luck [lʌ́k] ラック ★5 ③ 複 (不可算名詞)	幸運
joy [dʒɔ́i] ヂョイ ★3 ① 複 (不可算名詞)	喜び
tear [tíər] ティア ★3 ③	涙

普通は複数形tearsで「涙」という意味。

pain [péin] ペイン ★2 ②	痛み, 苦しみ
care [kéər] ケア ★6 ②	注意, 世話

"Take care."「お大事に」

単位・量など

yen 円
[jén] イェン
複 yen（単複同形）

dollar ドル
[dάlər] ダラ

アメリカなどの通貨。ten dollars and eighty cents「10ドル80セント」

cent セント
[sént] セント

1ドルの100分の1。

money お金
[mʌ́ni] マニ
複 (不可算名詞)

meter メートル
[míːtər] ミータ

kilometer キロメートル
[kilάmətər] キラメタ

part 部分
[pάːrt] パート

half 半分
[hǽf] ハフ
複 halves [ハヴズ]

size 大きさ
[sάiz] サイズ

age 年齢 / 時代
[éidʒ] エイヂ

percent パーセント
[pərsént] パセント
複 percent（単複同形）

pair 一組
[péər] ペア

piece 1つの
[píːs] ピース

a piece of cake（ケーキ1切れ）には「朝飯前，簡単」という意味もある。

lot (a lot of ～, lots of ～で) たくさんの～
[lάt] ラット

a lot of money「大金」

アメリカで値段を言うときは，単位を省いちゃうことも多いのである！
"How much is this smartphone case?"「このスマホケース，いくらですか？」
"It's twenty-five fifty."「25（ドル）50（セント）だよ」

コミュニケーション

communication
[kəmjùːnəkéiʃən] コミューニケイション ★5 ②
コミュニケーション
複 (不可算名詞)

story
[stɔ́ːri] ストーリ ★6 ①
物語, 話

information
[ìnfərméiʃən] インフォメイション ★4 ②
情報
複 (不可算名詞)

interview
[íntərvjuː] インタヴュー ★5 ③
インタビュー
動 インタビューする

opinion
[əpínjən] オピニョン ★5 ③
意見, 考え

report
[ripɔ́ːrt] リポート ★6 ③
報告, レポート
動 報道する

advice
[ədváis] アドヴァイス ★4 ②
忠告, 助言
複 (不可算名詞)

"He gave me a lot of advice." 「彼はたくさんアドバイスをくれた」

news
[njúːz] ニューズ ★6 ②
ニュース
複 (不可算名詞)

"I have good news." 「良いニュースがあるよ」

message
[mésidʒ] メセヂ ★6 ②
メッセージ

"Can I leave a message?" 「(電話で)伝言をお願いしてもいいですか?」

speech
[spíːtʃ] スピーチ ★6 ③
演説, スピーチ

make a speech 「スピーチをする」

influence
[ínfluəns] インフルエンス ★5 ③
影響, 効果
動 影響をおよぼす 複 (不可算名詞)

gesture
[dʒéstʃər] ヂェスチャ ★3 ②
ジェスチャー

word
[wáːrd] ワード ★6 ①
語, 単語

question
[kwéstʃən] クウェスチョン ★6 ①
質問

Can you see the message from God...?
神様からのメッセージ、見えますか…?

幻視の天使 ラミエル

場所・位置など

area ★4 ③
[é(ə)riə] エ(ア)リア
地域

place ★6 ①
[pléis] プレイス
場所

center ★3 ②
[séntər] センタ
中心

corner ★4 ②
[kɔ́:rnər] コーナ
曲がり角

middle ★3 ②
[mídl] ミドル
真ん中

in the middle of August「8月の中頃」

course ★5 ①
[kɔ́:rs] コース
進路, コース

front ★6 ②
[fránt] フラント
前面, 前

in front of ～「～の前に」

side ★5 ③
[sáid] サイド
側面

line ★6 ③
[láin] ライン
線, 列

lineには「電車の路線」という意味もある。
the Yamanote Line「山手線」

top ★5 ②
[táp] タップ
頂上

top of a mountain「山の頂上」

way ★6 ①
[wéi] ウェイ
道, 方向, 方角

"I met him on my way home."「家への帰り道で彼と会った」

sign ★5 ①
[sáin] サイン
標識, 記号
動 署名する

traffic sign「交通標識」
sign language「手話」

entrance ★2 ③
[éntrəns] エントランス
入り口

弾丸ランナー・南極兄弟

"We've gone off course now!"
"We can't stop～"
「コース外れたぁ！」「止まんない～」

物語

dream
[drí:m] ドリーム
夢
動 夢を見る

adventure
[ədvéntʃər] アドヴェンチャ
冒険

treasure
[tréʒər] トレジャ
財宝

scene
[síːn] スィーン
シーン, 場面

magic
[mǽdʒik] マヂク
魔法, 魔術

trick
[trík] トリック
計略, いたずら
手品

do a magic trick「手品をする」

skill
[skíl] スキル
技術

idea
[aidí:ə] アイディーア
考え

hero
[hí:rou] ヒーロウ
英雄

character
[kǽriktər] キャラクタ
性格, 特徴
登場人物

main character「主人公」

friendship
[fréndʃip] フレンドシプ
友情

effort
[éfərt] エフォト
努力

action
[ǽkʃən] アクション
行動

decision
[disíʒən] ディスィジョン
決定

god
[gád] ガッド
神

キリスト教など一神教の場合は, 大文字でGodとする。

I hope a good idea for a fairy tale will come...
童話のアイデア、降ってこないかなぁ… ㊟

アンデルセン

いろいろな名詞

★3 ③ **choice** [tʃɔ́is] チョイス	選択		★4 ② **charity** [tʃǽrəti] チャリティ	慈善 複(不可算名詞)
★5 ② **reason** [ríːzn] リーズン	理由		★5 ③ **volunteer** [vɑləntíər] ヴァランティア	ボランティア
★3 ② **fact** [fǽkt] ファクト	事実		★5 ② **rule** [rúːl] ルール	規則, ルール
★3 ② **purpose** [pə́ːrpəs] パ〜パス	目的		follow the rules「規則に従う」	
★6 ② **example** [igzǽmpl] イグザンプル	例		★2 ③ **law** [lɔ́ː] ロー	法律
for example「たとえば」			★5 ③ **peace** [píːs] ピース	平和
★6 ③ **chance** [tʃǽns] チャンス	機会, チャンス		★5 ② **war** [wɔ́ːr] ウォー	戦争
by chanceで「ぐうぜん, たまたま」という意味になる。			"War and Peace is a novel by Leo Tolstoy."「『戦争と平和』はトルストイの小説だ」	
★3 ① **matter** [mǽtər] マタ	問題		★4 ③ **bomb** [bɑ́m] バム	爆弾
★3 ③ **importance** [impɔ́ːrtəns] インポータンス	重要性 複(不可算名詞)		★4 ② **hole** [hóul] ホウル	穴
★2 ② **level** [lévl] レヴル	水準, レベル		★4 ③ **attention** [əténʃən] アテンション	注意, 注目 複(不可算名詞)

life [láif] ライフ ★6 ①	生命／人生／生活 複 lives [ライヴズ]
experience [ikspí(ə)riəns] イクスピ(ア)リエンス ★6 ②	経験 動 経験する "I learned a lot from the experience."「私はその経験から多くを学んだ」
memory [méməri] メモリ ★5 ③	記憶 a good memory「良い思い出」
event [ivént] イヴェント ★6 ②	できごと
festival [féstəvəl] フェスティヴァル ★6 ①	お祭り school festival「学園祭」
guest [gést] ゲスト ★2 ③	(招待された)客
host [hóust] ホウスト ★4 ③	(客をもてなす)主人(役) host family「ホストファミリー(ホームステイ先の家族)」
party [pá:rti] パーティー ★6 ②	パーティー
mask [mǽsk] マスク ★4 ②	仮面
present [préznt] プレズント ★6 ①	プレゼント a birthday present「誕生日プレゼント」
gift [gíft] ギフト ★4 ②	おくりもの giftは「天から授かった才能」という意味で使われることもある。
contest [kántest] カンテスト ★3 ②	コンテスト
prize [práiz] プライズ ★3 ③	賞 the Nobel Prize「ノーベル賞」
program [próugræm] プロウグラム ★6 ①	番組 a TV program「テレビ番組」
quiz [kwíz] クウィズ ★3 ①	クイズ
step [stép] ステップ ★5 ②	歩み

trouble [trʌ́bl] トラブル ★4 ③	心配, 困りごと
problem [prɑ́bləm] プラブレム ★6 ②	問題
rest [rést] レスト ★2 ②	休息
pardon [pɑ́ːrdn] パードン ★4 ①	許し
style [stáil] スタイル ★3 ①	様式, スタイル

Japanese-style house「和式の家」

custom [kʌ́stəm] カストム ★3 ②	風習, 慣習

特に社会の「慣習」をあらわす。個人の「習慣」はhabit。

tradition [trədíʃən] トラディション ★3 ③	伝統
energy [énərdʒi] エナヂ ★5 ③	活力 エネルギー
situation [sìtʃuéiʃən] スィチュエイション ★5 ③	立場, 状況
thing [θíŋ] スィング ★6 ②	物, 事
addition [ədíʃən] アディション ★3 ②	加えること
design [dizáin] ディザイン ★6 ②	デザイン
symbol [símbəl] スィンボル ★3 ①	象徴, 記号
difference [dífərəns] ディファレンス ★3 ③	ちがい

time difference「時差」

system [sístim] スィステム ★3 ②	組織, 体系, 方式
government [gʌ́vərnmənt] ガヴァンメント ★3 ②	政府 政治

特定の国の「政府」をあらわすときには大文字で始めることが多い。

group [grúːp] グループ ★6 ②	集団, グループ
leader [líːdər] リーダ ★6 ②	指導者, リーダー

LET'S STUDY
ENGLISH WORDS
WITH
MONSTER STRIKE!

動詞

動詞は動作や状態を表す品詞です。
三人称単数現在形（三単現）や，過去形，過去分詞を作る場合などに
語尾変化があります。

不規則な語尾変化は，
何度も口に出して
覚えるのであ～る！

超頻出

do
[dúː]**ドゥー**

する
助 (疑問文・否定文をつくる)
過 (do/does[ドゥー/ダズ]) – did[ディド] – done[ダン]

- **do** my best (ベストをつくす)
- **do** my homework (宿題をする)
- **How are you doing?** (調子はどう?, 元気?)

Circe...you have done a terrible thing...
キルケー…
こんな事するなんて…
ひどいよ…

哀しみの怪物乙女 スキュラ

doは助動詞としてもよく使われるのである。
"Do＋主語＋動詞の原形〜?"で「〜しますか?」という疑問文になったり、"Don't 〜 ."で「〜するな」という否定の命令文をつくったりするのである。
Do you understand? わかったであるか？

play
[pléi]**プレイ**

する, プレーする／遊ぶ

- **play** soccer (サッカーをする)
- **play** the guitar (ギターを弾く)

Stop playing around!
I will vanquish you!!
遊びは終わりだ！
消し飛ばしてくれるわ!!

悪魔元帥 ベルゼキュー

★★★★★★ ①

have
[hǽv] ハヴ

持っている
助 (現在完了形をつくる)
過 (have/has [ハヴ/ハズ]) – had [ハド] – had [ハド]

- **have** a good time (楽しい時間を過ごす)
- **have** a headache (頭痛がする)

> He has two swords.
> 彼は二本の木刀を持っている。

宮本武蔵

"助動詞have＋過去分詞"の現在完了形で、「ずっと〜している(継続)」「〜したことがある(経験)」「〜してしまった(完了)」の意味にもなるのであるぞ！
"I have been to Shibuya many times." 「渋谷には何度も行ったことがある」

★★★★★★ ①

like
[láik] ライク

好む
前 〜のように

I like to eat popcorn.
私はポップコーンを食べることが好きだ。

> A beautiful and wise lady...
> I like that...
> 美しく賢い人…私は好きだよ…
逃

煌めきの貴公子 光源氏

would like〜で「〜がほしいのですが」という意味である。wantのていねいな言い方なのであ〜る。I would likeはI'd likeと短く言うこともあるのであ〜る！
"I would like some water." 「水がほしいのですが」

want
[wánt] ワント ほしい

I want a new smartphone.
新しいスマホがほしい。

・**want** to 〜（〜したい、〜したがる）
・**want** A to 〜（Aに〜してほしい）

> Who wants to be the next target?
> 次に的になりたい奴は誰だ？ ⓈⓈ

He is wanted by the police.
彼は警察に求められている（=指名手配中だ）。

ビリー・ザ・キッド

go
[góu] ゴウ 行く

過 – went[ウェント] – gone[ゴーン]

・**go home**（家に帰る）
・**go** 〜ing（〜しに行く）
・**go to bed**（寝る）

> There is not enough food!
> Let's go find some more!
> 食材が足りん！探しに行くぞい！ 逃

ピシャーチャ

be going to 〜は「〜するつもりだ」という意味なのである。
"I am going to play Monster Strike after I finish this homework."「この宿題が終わったらモンストをするつもりだ」

come
[kʌ́m]カム 来る
過 – came[ケイム] – come[カム]

> Come and gather, Kings, the time for battle has come...
> 来たりて集え、王たちよ、戦いの時は来た…

世界の裁定者 アルマゲドン

- **come back** (帰る, 戻ってくる)
- **Come on.** (さあさあ, さあ行こう, がんばれ)

comeは, 話し手のほうへ来るときや, 聞き手のほうへ行くときに使う言葉である。
だから家で"Dinner time!"「晩ごはんだよ!」と呼ばれたら, "I'm coming!"「今行くよ!」と返事するのであ～る!

give
[gív]ギヴ 与える
過 – gave[ゲイヴ] – given[ギヴン]

> The contract is concluded... I will give you the wisdom of God...
> 契約成立…神の知恵を授けるなの…

契約の天使 メタトロン

- **give up** (あきらめる)

「AにBを与える」というときには, give A B もしくは give B to A というのである!
"I gave her a present." = "I gave a present to her." 「私は彼女にプレゼントをあげた」

take
[téik] テイク

持っていく, 連れていく
過 – took[トゥック] – taken[テイクン]

- **Take care.** (元気でね, お大事に)
- **take** a bath (風呂に入る)

She took a photo of the future.
彼女は未来の写真を撮った。

蒲公英

ほかにも, take a busで「バスに乗る(移動手段)」という表現もあるのであ〜る。take a long timeだと「長い時間がかかる」という意味になるのである！

get
[gét] ゲット

得る／着く
過 – got[ガット] – got, gotten[ガット, ガトン]

- **get** a new bicycle (新しい自転車を手に入れる)
- **get** up at seven (7時に起きる)

make
[méik] メイク

作る
過 – made[メイド] – made[メイド]

- **make** friends (友達を作る)

She makes me happy.
彼女は私を幸せにする。

I will make a big snowman…
おっきな雪だるま作るー… ⓈⓈ

スノーマン

tell
[tél] テル

話す

過 – told[トウルド] – told[トウルド]

Please <u>tell me the way</u> to the park.
公園へ行く道を教えてください。

マルコ・ポーロ

I haven't even <u>told</u> you half of what this item is worth ♪
この商品の良さ、未だ半分も話してへんよ♪

- **tell** A to 〜 （Aに〜するように言う）

 だれかに道を教える場合,言葉で教える場合はtell,案内したり地図で教える場合はshowを使う。

watch
[wátʃ] ワッチ

見る
名 腕時計

- **watch** TV （テレビを見る）
- **Watch out!** （気をつけて!）

カナン

<u>Watch</u>! My G-pen will change the world ♪
見てなさい！あたしのGペンが世界を変えるわ♪

see
[síː] スィー

見る, 見える／会う

過 – saw[ソー] – seen[スィーン]

We can <u>see</u> Mt. Fuji from this building.
このビルから富士山が見える。

- **I see.** （わかりました）
- **Let's see.** （ええと）
- **See you.** （またね）
- **see 〜 off** （〜を見送る）

look
[lúk] ルック

見る

- look at 〜（〜を見る）
- look for 〜（〜を探す）
- look like 〜（〜に似ている）

バンドの看板娘 スキュラ

Look at my hyper drumming♡ Isn't it great?
見て♡私の超絶ドラムさばき、凄いでしょう？

watchは「動くものや変化するものをじっと見る、観察する」こと。
seeは「見ようとしなくても目に入る」こと。
lookは「見ようとして目を向ける」こと。
使い分けに注意である！

open
[óupn] オウプン

開く
形 開いた

禁断の少女 パンドラ

Oh, I opened the box by mistake... Oops♪
あっちゃ〜、箱開いちゃったドラぁ〜…てへっ♪

close
[klóuz] クロウズ

閉める, 閉まる
形 接近した, 親しい

Close your textbooks.　教科書を閉じなさい。

 形容詞として使われる場合は発音が異なる。close [クロウス]

hear
[híər] ヒア

聞こえる, 聞く

過 – heard [ハ〜ド] – heard [ハ〜ド]

- **hear from** 〜 (〜から便りがある)
- I **hear** that 〜 (〜だそうだ)

> Can you **hear** this African beat!?
> アフリカの大地の鼓動、聞こえるべか!?

大地の鼓動 ポコアポコ

listen
[lísn] リスン

聞く

> **Listen** to my soulful song!
> 魂の歌声を〜
> 聞いて〜〜!

宇多河原せん子

「意識的に耳を傾けて聞く」ときはlisten,「自然に聞こえる」ときはhearを使うのである!

say
[séi] セイ

言う

過 – said [セド] – said [セド]

- **say** (that) 〜 (〜だと言う)
- They **say** (that) 〜 (〜だそうだ)

> Huh!?
> What did you **say**!?
> はぁっ!?
> なんて言ったのかしらァァ!?

ハートの女王

speak
[spíːk] スピーク
話す
(過) – spoke[スポウク] – spoken[スポウクン]

May I speak to Ren?
（電話で）レン君をお願いします。

ジョン万次郎

> He can speak Japanese and English.
> 彼は日本語と英語が話せる。

talk
[tɔ́ːk] トーク
話す

Let's talk about our plans for the summer.
私達の夏の予定について話そう。

tellは「伝える」, sayは「ことばで表す」, speakは「ことばを発する」, talkは「話し合う, おしゃべりをする」ことなのである！

call
[kɔ́ːl] コール
呼ぶ／電話する

・**Call** me a doctor.（医者を呼んでください）
・**call back**（折り返し電話をする）

Who's calling, please?
（電話で）どちら様ですか？

平原の女王 カラミティ・ジェーン

> I will show you why people call me Calamity!
> 疫病神って呼ばれてる理由、教えてやるよ！

walk
[wɔ́:k] ウォーク

歩く／散歩させる
名 散歩

- **walk** fast（速く歩く）
- **walk** a dog（イヌを散歩させる）

She walks to school everyday.
彼女は毎日歩いて学校に行く。

run
[rʌ́n] ラン

走る

過 – ran[ラン] – run[ラン]

- **run** away（逃げる）
- **run** after ～（～を追いかける）

駿足のアキレウス

He can run really fast.
彼はすごく速く走ることができる。

stop
[stɑ́p] スタップ

止める, やめる

- **stop to** talk（話をするために立ち止まる）
- **stop** talk**ing**（話すのをやめる）

Nobody can stop the destruction now...
封印が…ラッパが…
滅びはもう止められない…

来たるべき大禍 アポカリプス

いろいろな動詞

study
[stʌ́di] ス**タ**ディ

勉強する
名 勉強

I will continue to study English this time!
今度こそ英語の勉強を続けるぞ！

learn
[lə́ːrn] **ラ**〜ン

学ぶ

- **learn to** 〜（〜できるようになる）
- **learn** (that) 〜（〜ということを知る）

learnは「学んで身につける，覚える」ことを，studyは「努力して勉強や研究をする」ことを表すのである。

teach
[tíːtʃ] **ティ**ーチ

（勉強などを）教える

過 – taught[**トー**ト] – taught[**トー**ト]

Mr. Brown teaches us English.
ブラウン先生は私たちに英語を教えてくれる。

understand
[ʌ̀ndərstǽnd] アンダス**タ**ンド

理解する

過 – understood[アンダス**トゥ**ド] – understood[アンダス**トゥ**ド]

- **understand** Japanese（日本語がわかる）

Do you understand me?　私の言うことがわかりますか？

いろいろな動詞

know
[nóu]**ノウ**
知っている
過 – knew[**ニュー**] – known[**ノウン**]

"k"は発音しない。

- **I don't know.**（知りません）
- **know** (that) 〜（〜ということを知っている）

> I want to know more about insects!
> 虫たちのこと、もっと知りたいんだ！

ファーブル

read
[ríːd]**リード**
読む
過 – read[**レッド**] – read[**レッド**]

原形と過去形・過去分詞の形は同じだが、発音が違うので注意。

I read a book about insects.　虫についての本を読んだ。

write
[ráit]**ライト**
書く
過 – wrote[**ロウト**] – written[**リトン**]

- **write down**（書き留める）
- **write** a letter（手紙を書く）
- **write to** 〜（〜に手紙を書く）

paint
[péint]**ペイント**
(絵の具で絵を)描く／ペンキを塗る
名 **ペンキ**

draw
[dróː]**ドロー**
(絵, 図などを)かく, (線を)引く
過 – drew[**ドルー**] – drawn[**ドローン**]

drawは「ペンや鉛筆で絵や図をかく」という意味であ〜る。「絵の具で絵を描く」ときはpaintと使い分けるのである！

いろいろな動詞

sleep
[slíːp] ス**リ**ープ

眠る

過 – slept[ス**レ**プト] – slept[ス**レ**プト]

I <u>slept</u> well last night.
昨夜はよく眠れた。

★★★★★★ ①

wake
[wéik] **ウェ**イク

起きる, 起こす

過 – woke[**ウォ**ウク] – woken[**ウォ**ウクン]

★★★★★★ ②

She <u>woke up</u> from a good long sleep.
彼女は長く良い睡眠から目覚めた。

ヴァンパイニャ

wakeは「目が覚める」こと，
get upは「目覚めて起き上がる」ことである！

leave
[líːv] **リ**ーヴ

出発する／置いていく

過 – left[**レ**フト] – left[**レ**フト]

★★★★★★ ①

・**leave for** school（学校に向けて出発する）

arrive
[əráiv] ア**ラ**イヴ

着く

★★★★★★ ①

・**arrive at** the station（駅に到着する）
・**arrive in** New York（ニューヨークに到着する）

arrive at ～は比較的せまい場所，arrive in ～は地域など広い場所。

enter
[éntər] **エ**ンタ

入る

★★★★★★ ③

・**enter** the room（部屋に入る）

いろいろな動詞

stand
[stǽnd] ス**タ**ンド

立つ

過 – stood[ス**トゥ**ド] – stood[ス**トゥ**ド]

- **stand up**（立ち上がる, 起立する）

sit
[sít] ス**イ**ット

座る

過 – sat[**サ**ット] – sat[**サ**ット]

- **sit down**（座る）

反逆の堕天使 ルシファー

> She is sitting on the throne.
> 彼女は玉座に座っている。

jump
[dʒʌ́mp] **チャ**ンプ

跳ぶ, ジャンプする
名 跳躍, ジャンプ

- **jump out** of bed（ベッドから跳び出す）

fly
[flái] フ**ラ**イ

飛ぶ

過 – flew[フ**ルー**] – flown[フ**ロ**ウン]

- **fly a kite**（たこをあげる）
- **fly to** Tokyo（東京に飛行機で行く）

斉天大聖 孫悟空

> He can fly in the sky on his cloud.
> 彼はその雲で空を飛ぶことが出来る。

climb
[kláim] ク**ラ**イム

登る

"b"は発音しない。

- **climb** a mountain（山に登る）

いろいろな動詞

reach
[ríːtʃ] リーチ ★★☆☆☆☆ ②
着く／達する

We <u>reached</u> Osaka yesterday.
私たちは昨日, 大阪に到着しました。

follow
[fálou] ファロウ ★★★★★★ ②
あとについて行く〔来る〕／従う

- **Follow me.**（私について来て）

pass
[pǽs] パス ★★★★★★ ②
経過する, 通過する／手渡す

- time **passes** quickly（時が早く過ぎる）
- **pass away**（亡くなる）

<u>Pass</u> me the salt.　塩を取ってください。

 pass the testで「テストに合格する」という意味にもなる。

hurry
[hə́ːri] ハ〜リ ★★★☆☆☆ ①
急ぐ

- **Hurry up!**（急いで!）

move
[múːv] ムーヴ ★★★★★★ ②
動く, 動かす／引っ越す

Hey, <u>don't move</u>,
or I will cut you in half ♡
あ、そこ動かないで♡
一刀両断しちゃうから♡

夜叉女 ヤクシニー

心を動かす＝「感動させる」という意味でも使う。
I was moved by his story.「彼の話に感動した」

いろいろな動詞

hit
[hít] **ヒット**

打つ, たたく

過 – hit[ヒット] – hit[ヒット]

原形, 過去形, 過去分詞が同じ形。

- **hit** a ball（ボールを打つ）

throw
[θróu] **スロウ**

投げる

過 – threw[スルー] – thrown[スロウン]

- **throw away**（〈投げ〉捨てる）

海の家のドドッカリー

> The hermit crab is throwing palm fruit at us.
> そのヤドカリはヤシの実を投げてくる。

catch
[kǽtʃ] **キャッチ**

つかまえる

過 – caught[コート] – caught[コート]

- **catch** a ball（ボールをとる）
- **catch** fish（魚をとる）
- **catch** a cold（風邪をひく）
- **be caught in** rain（雨にあう）

form
[fɔ́ːrm] **フォーム**

形作る
名 形

drop
[drάp] **ドラップ**

落とす, 落ちる

pick
[pík] **ピック**

つみとる／選ぶ

- **pick up**（〜を拾い上げる, 車で迎えに行く）

いろいろな動詞

touch
[tʌ́tʃ] **タッチ**　　触る

I don't want you to touch my paws!
肉球、触らないでほしいニャッ！

ゴシック乙女 猫娘々

fall
[fɔ́ːl] **フォール**　　落ちる／倒れる
名 秋
(過) – fell [**フェル**] – fallen [**フォールン**]

・**fall down**（転ぶ, 倒れる）　・**fall asleep**（眠りに落ちる）

win
[wín] **ウィン**　　勝つ／獲得する
(過) – won [**ワン**] – won [**ワン**]

・**win** a game（試合に勝つ）　・**win** a prize（賞を取る）

lose
[lúːz] **ルーズ**　　失う／負ける
(過) – lost [**ロースト**] – lost [**ロースト**]

・**lose** a game（試合に負ける）
I have lost my key.　私はかぎをなくしてしまった。

join
[dʒɔ́in] **ヂョイン**　　加わる

A new friend joined the team.
新しい友達がチームに加わった。

gather
[ɡǽðər] **ギャザ**　　集める, 集まる

いろいろな動詞

① meet 会う
[míːt] ミート　過 – met[メット] – met[メット]

- **Nice to meet you**.（はじめまして。）

② invite 招待する
[inváit] インヴァイト

I <u>invited</u> her to join our team.
私は彼女を私達のチームに誘った。

③ accept 受け入れる
[əksépt] アクセプト

Here is my true love!
Seriously♡
I hope you will <u>accept</u> this...
本命だよ！ホントだよ♡
受け取って…くれるよね…？

おとぎのお菓子少女 赤ずきんノンノ

① put 置く
[pút] プット　過 – put[プット] – put[プット]

- **put** a glass on the table（テーブルにグラスを置く）

 put on ～で「～を着る，身につける」という意味になる。
put on a cap「帽子を被る」

② keep 保つ
[kíːp] キープ　過 – kept[ケプト] – kept[ケプト]

You can <u>keep</u> it.　それ，君が持っててもいいよ（＝あげるよ）。

 keep (on) ～ingで「～し続ける」の意味。
"I keep winning the game."「ゲームに勝ち続けている」

いろいろな動詞

buy
[bái] バイ　買う
過 – bought[ボート] – bought[ボート]

> She likes to <u>buy</u> luxury items.
> 彼女は高級品を買うのが好きだ。

マダム・ゼニー

sell
[sél] セル　売る／売れる
過 – sold[ソウルド] – sold[ソウルド]

> She <u>sells</u> matches.
> 彼女はマッチを売っている。

マッチ売りの少女 メイ

pay
[péi] ペイ　支払う

- **pay for** ～（～の代金を払う）
- **pay attention** to ～（～に注意を払う）

spend
[spénd] スペンド　（お金を）費やす／過ごす
過 – spent[スペント] – spent[スペント]

She <u>spends</u> so much money on clothes.
彼女は服にたくさんのお金を使う。

spend time
「時間を費やす」

order
[ɔ́ːrdər] オーダ　注文する／命令する
名 注文／命令

I <u>ordered</u> a latte at the coffee shop.
私はそのコーヒー店でラテを注文した。

いろいろな動詞

cost
[kɔ́ːst] コースト

（金額が）かかる
名 費用
(過) – cost[コースト] – cost[コースト]

The watch costs 300 dollars.
その腕時計は300ドルする。

物が主語になっていることに注意!

waste
[wéist] ウェイスト

むだにする
名 浪費

- waste time（時間をむだにする）
- waste money（お金を浪費する）

own
[óun] オウン

所有する

She owns many cars.　彼女はたくさん車を持っている。

count
[káunt] カウント

数える

I counted the number of monsters I own.
自分の持っているモンスターの数を数えた。

shop
[ʃáp] シャップ

買い物をする
名 店

- go shopping（買い物に行く）

> Thank you for shopping!
> お買い上げ、感謝～！
> って、袋に入りきらない♡

黄金スタッフパイン

いろいろな動詞

eat ★★★★★★ ①
[íːt] イート

食べる
(過) – ate[エイト] – eaten[イートン]

- **eat out** (外食する)

> Let them eat cake.
> ケーキを食べさせなさい。

王妃マリーアントワネット

「食べる」の意味では have もよく使われるのである！ eat lunch / have lunch「昼食を食べる」

drink ★★★★★★ ①
[dríŋk] ドリンク

飲む
名 **飲み物**
(過) – drank[ドランク] – drunk[ドランク]

> I want to drink that ice cream soda.
> あのアイスクリームソーダが飲みたい。

クリーモン

「スプーンを使ってスープを飲む」ときは eat, 「薬を飲む」ときは take を使う。

taste ★★★★★★ ③
[téist] テイスト

〜の味がする／味見をする
名 **味**

"This pizza tastes good!"で「このピザおいしい！」という意味であ〜る。taste good「良い味がする」で「おいしい」と表現するのであるな！

smell ★★★★★★ ③
[smél] スメル

〜のにおいがする／においをかぐ
名 **におい**

- **smell good** (いいにおいがする, おいしそうなにおいがする)

いろいろな動詞

fill
[fíl] フィル
満たす, 満ちる

- **fill** the glass with water（水でコップを満たす）

clear
[klíər] クリア
片付ける
形 澄んだ, 晴れた／はっきりした

- **clear** the table（〈食後に〉テーブルの上を片付ける）

prepare
[pripéər] プリペア
準備する

- **prepare** dinner（夕食を作る）
- **prepare for** the exam（試験に備えて勉強する）

bake
[béik] ベイク
（オーブンなどで）焼く

She baked cookies for Valentine's Day.
彼女はバレンタインデーのためにクッキーを焼いた。

serve
[sə́:rv] サ〜ヴ
（食べ物を）出す／仕える

He served the food right away.
彼はすぐに食べ物を提供してきた。

パズルの給仕 カイ

いろいろな動詞

show
[ʃóu] ショウ

見せる／示す

過 – showed[ショウド] – shown[ショウン]

Can you <u>show me the way</u> to the station?
駅へ行く<u>道を教えてくれますか</u>?

check
[tʃék] チェック

確認する

He <u>checked</u> the schedule for the quest.
彼はクエストのスケジュールを<u>調べた</u>。

wonder
[wʌ́ndər] ワンダ

〜かしらと思う
名 驚き

I <u>wonder if</u> I can really finish this game.
本当にこのゲームをクリア<u>できるのだろうか</u>。

ask
[ǽsk] アスク

質問する／たのむ

You can <u>ask</u> me anything about business!
商売のことなら何でも私に聞きたまえ！

ガネーシャ

guess
[gés] ゲス

推測する
名 推測

"ue"の発音に注意。

I <u>guess</u> she won't come.　彼女は来ないと<u>思う</u>。

いろいろな動詞

answer ★★★★★★★ ①
[ǽnsər] **ア**ンサ
答える, 返事をする
名 答え, 返事

砂漠の大聖獣スフィンクス

Come on, answer my question...!
さあ、我が問いに答えよ…!

explain ★★★☆☆☆☆ ②
[ikspléin] イクスプ**レ**イン
説明する

- **explain** the situation in English（状況を英語で説明する）

agree ★★★★★★★ ③
[əgríː] アグ**リ**ー
〈意見が〉一致する, 賛成する

- **agree with** ～（～〈人・意見〉に賛成する）
- **agree to** ～（～〈提案〉に同意する）

mistake ★★★★☆☆☆ ③
[mistéik] ミス**テ**イク
誤る
名 間違い
過 – mistook[ミス**トゥ**ク] – mistaken[ミス**テ**イクン]

We mistook the road.　私達は道を誤った。

- **make a mistake**（間違える）

lie ★★★★☆☆☆ ③
[lái] **ラ**イ
うそをつく／横になる
名 うそ
過 – lied[**ラ**イド] – lied[**ラ**イド]（うそをつく）
過 – lay[**レ**イ] – lain[**レ**イン]（横たわる）

意味によって活用形が異なるので注意!

He lied to me.　彼は私にうそをついた。

いろいろな動詞

feel
[fíːl] フィール
感じる
過 – felt[フェルト] – felt[フェルト]

How do you feel today? 今日は気分はどうですか？
She felt happy. 彼女は幸せな気持ちだった。

express
[iksprés] イクスプレス
表現する

・express my feelings (自分の感情を表現する)

act
[ǽkt] アクト
行動する, ふるまう

Are you acting like that...
with your own will...?
その行動は…果たして貴殿の意志かな…?

書物の悪魔 ダンタリオン

joke
[dʒóuk] ヂョウク
冗談を言う
名 冗談

・joke around (冗談を飛ばす)

smile
[smáil] スマイル
ほほえむ
名 ほほえみ

・smile at 〜 (〜にほほえむ)

She is smiling calmly.
彼女は穏やかにほほえんでいる。

情愛の天使 マナ

いろいろな動詞

laugh
[lǽf] ラーフ
笑う
名 笑い

- laugh at ～（～を見て／聞いて笑う）

cry
[krái] クライ
泣く／叫ぶ

The girl cried for the doll.
その女の子は人形が欲しくて泣いた。

miss
[mís] ミス
さびしく思う／乗りそこなう

- I miss you.（あなたが恋しいです，会いたいです）
- miss the train（電車に乗り遅れる）

enjoy
[indʒɔ́i] インヂョイ
楽しむ

We enjoyed the magic show.
私たちはそのマジックショーを楽しんだ。

cheer
[tʃíər] チア
元気づける

- cheer up（元気づける，元気が出る）

worry
[wə́:ri] ワ～リ
心配する
名 心配

Don't worry about that.　そのことは心配するな。

いろいろな動詞

mind
[máind] マインド
気にする
名 心, 精神／考え

・**Never mind**.（気にしないで）

believe
[bilíːv] ビリーヴ
信じる

I believe in ghosts.
私は幽霊の存在を信じる。

> I believe that numbers are the basis of everything!
> 数こそ全ての根源だって…
> 私は信じてる！

教団指導者 ピタゴラス

imagine
[imǽdʒin] イマヂン
想像する

I can't imagine life without you!
あなたなしの人生なんて想像できない！

surprise
[sərpráiz] サプライズ
驚かす
名 驚き

I was surprised at the news.　そのニュースには驚いた。

impress
[imprés] インプレス
感銘を与える

His speech impressed me.　彼のスピーチは私を感動させた。

いろいろな動詞

thank
[θǽŋk] **サン**ク
感謝する

- **No, thank you.**（結構です）

"Thank you." は主語が省略された文。"(I) thank you." 「(私は)あなたに感謝します」

excuse
[ikskjú:z] イクス**キュー**ズ
許す

- **Excuse me**.（失礼します, すみません）

失礼なことを謝るときや、知らない人に話かけるときに使われる。
"Excuse me, can you tell me the time, please?"「すみません, 今何時か教えていただけますか?」

support
[səpɔ́:rt] サポート
支持する
名 支持

I will <u>support</u> everybody who is in love♡
なんてったって愛が一番！
みんなの恋愛、応援しちゃうゾ♡

愛と美の女神 イシュタル

influence
[ínfluəns] **イン**フルエンス
影響をおよぼす
名 影響, 効果

- easily **influenced**（容易に影響される）

encourage
[inkə́:ridʒ] イン**カー**レヂ
励ます

He <u>encouraged</u> me to try again.
彼はもう一回やってみるようにと私を励ましてくれた。

いろいろな動詞

① work
[wə́ːrk] ワ〜ク
働く
名 仕事

- work for ~ (〜に勤める)

> He is hungry because he <u>worked</u> hard.
> 彼は一生懸命働いたので腹が減っている。

サイクロプス

② plan
[plǽn] プラン
計画する
名 計画

過去形・過去分詞は planned

I am <u>planning</u> a party for her.
私は彼女のためにパーティーを計画している。

② create
[kriéit] クリエイト
創造する

All people are <u>created</u> equal.
人はみな平等につくられている。

③ produce
[prədjúːs] プロデュース
生産する

- **produce** oil (石油を生産する)

② invent
[invént] インヴェント
発明する

James Watt <u>invented</u> the steam engine.
ジェームズ・ワットは蒸気機関を発明した。

いろいろな動詞

repair
[ripéər] リペア
修理する
★★☆☆☆ ③

- **repair** the bike（自転車を修理する）

fix
[fíks] フィックス
修理する／固定する
★★☆☆☆ ③

- **fix** the bath（風呂をなおす）

break
[bréik] ブレイク
壊す, 壊れる
名 休憩
過 – broke [ブロウク] – broken [ブロウクン]
★★★★★ ②

モンストラビット＆トータス

"It's broken…"
"Let's get a new machine…"
「壊れちゃった…」
「新しいメカ買いましょう…」

damage
[dǽmidʒ] ダメヂ
損害を与える
名 損害
★★☆☆☆ ②

destroy
[distrói] ディストロイ
壊す
★★☆☆☆ ③

- **destroy** the city（街を破壊する）

attack
[ətǽk] アタック
攻撃する
名 攻撃
★☆☆☆☆ ②

- **attack** the enemy（敵を攻撃する）

いろいろな動詞

use
[júːz] ユーズ

使う
名 使用

 名詞として使うときは[ユース]と発音。

Can I use your phone? あなたの電話を使ってもいいですか?

borrow
[bárou] バロウ

借りる

Can I borrow your pen? ペンを借りてもいい?

 borrowは「移動できるものを無料で借りる」ときに使うのであ〜る!
電話やトイレを借りるときはuseを「使う」のであ〜る!

lend
[lénd] レンド

貸す

過 – lent[レント] – lent[レント]

I lent him money. 私は彼にお金を貸した。

return
[ritáːrn] リタ〜ン

戻る, 戻す

・return from 〜 (〜から帰る/戻る) ・return to 〜 (〜へ帰る/戻る)
・return a book to the library (図書館に本を返す)

receive
[risíːv] リスィーヴ

受け取る

We received a notice from the phantom thief.
その怪盗から予告状を受け取った。

黄金の怪盗 エルドラド

いろいろな動詞

post
[póust] ポウスト
郵送する／掲示する
名 郵便

- post a letter (手紙を投函する)

sign
[sáin] サイン
署名する／合図する
名 標識／記号

- sign up (契約する)

send
[sénd] センド
送る／行かせる
過 – sent[セント] – sent[セント]

- send (an) e-mail (Eメールを送る)

> She sent some salt to an enemy.
> 彼女は敵に塩を送った。

上杉謙信

carry
[kǽri] キャリ
運ぶ

- carry out (実行する, 成しとげる)

> I will carry the luggage!
> Leave it to me.
> あ〜らよっと〜。荷物持ちは任せときな！

沙悟浄

bring
[bríŋ] ブリング
持ってくる, 連れてくる
過 – brought[ブロート] – brought[ブロート]

Bring me some water. 水を持ってきて。

いろいろな動詞

travel
[trǽvl] トラヴル ★★★★★ ②
旅行する

- **travel abroad**（海外旅行をする）

stay
[stéi] ステイ ★★★★★★ ②
滞在する／とどまる
名 滞在

- **stay at** a hotel（ホテルに滞在する）
- **Stay here**.（ここにいなさい）

guide
[gáid] ガイド ★★★★★ ③
案内する
名 ガイド

忌むべき者 奈落

> No need to guide me...
> I have almost reached nirvana...
> 案内はいらぬ…彼岸はすぐそこじゃ…

camp
[kǽmp] キャンプ ★★★★★ ③
キャンプをする
名 キャンプ, キャンプ場

- **go camping**（キャンプに行く）

visit
[vízit] ヴィズィト ★★★★★★ ①
訪ねる

- **visit** London（ロンドンを訪れる）

諸葛亮

> I visited her three times.
> 私は彼女を三回訪問した。

いろいろな動詞

dream
[drí:m] ドリーム

夢を見る／夢見る
名 夢

★★★★★★ ②

She <u>dreamed</u> about visiting a tropical island someday.
彼女はいつか南の島に行くことを夢見ていた。

夢見るマッチ売りの少女 メイ

---

swim
[swím] スウィム

泳ぐ
名 泳ぎ
過 – swam[スワム] – swum[スワム]

★★★★★★ ①

・**swim** in the sea（海で泳ぐ）

---

ski
[skí:] スキー

スキーをする

★★★★★★ ①

He <u>skis</u> very well.　彼はとても上手にスキーをする。

---

skate
[skéit] スケイト

スケートをする

★★★★★★ ①

 "-ing"をつけた形 swimming, skiing, skatingで、主語や目的語として使うこともある（動名詞）。

---

rise
[ráiz] ライズ

昇る, 上がる
名 上昇
過 – rose[ロウズ] – risen[リズン]

★★★★★★ ③

The sun <u>rises</u> in the east.　太陽は東から昇る。

---

set
[sét] セット

置く／（太陽などが）沈む
過 – set[セット] – set[セット]

★★★★★★ ②

The sun <u>sets</u> in the west.　太陽は西に沈む。

いろいろな動詞

begin
[bigín] ビギン
過 – began[ビギャン] – begun[ビガン]

始める, 始まる

★★★★★★ ②

It <u>began</u> to rain suddenly.
突然雨が降りだした。

> My adventure will <u>begin</u> here!
> 俺の冒険はここから始まる！ ⓈⓈ

ジャンプキッド

end
[énd] エンド

終える, 終わる
名 **終わり, 最後**

★★★★ ③

The game <u>ended</u> in a draw.　試合は引き分けで終わった。

practice
[præktis] プラクティス

練習する
名 **練習**

★★★★★★ ①

・**practice** speaking English（英語を話す練習をする）

lead
[líːd] リード
過 – led[レド] – led[レド]

導く

★★★★ ③

・**lead** to victory（勝利に導く）

improve
[imprúːv] インプルーヴ

改善する

★★★★ ③

increase
[inkríːs] インクリース

増える, 増やす
名 **増加**

★★★ ③

> 名詞の場合は[**イン**クリース]と前にアクセント。
> 動詞と名詞で発音が異なる語は, ほとんどの場合, 名詞は前／動詞は後ろにアクセントがくる。

いろいろな動詞

★★★★★ ①
change
[tʃéindʒ] **チェインヂ**

変える, 変わる
名 変化／つり銭

- **change** yen into dollars（円をドルに替える）
- **change** trains（電車を乗り換える）

> The power of steam will <u>change</u> the world!
> 蒸気の力は世界を変えますわ！ ⓈⓈ

ワット

★★★★★ ②
step
[stép] **ス テップ**

歩みを進める／踏む
名 歩み

- **step** forward（前に進む）

★★★★★★ ②
grow
[gróu] **グロウ**

成長する／栽培する

過 – grew[グ**ルー**] – grown[グ**ロウン**]

- **grow up**（成長する, 大人になる）

★★★★★★ ②
become
[bikʌ́m] **ビカム**

～になる

過 – became[ビ**ケイム**] – become[ビ**カム**]

- **become** famous（有名になる）

> I aim to <u>become</u>
> the best ukiyoe artist in Japan!
> 目指すは日本一の浮世絵師よ！ ⓈⓈ

葛飾北斎

★★ ②
challenge
[tʃǽlindʒ] **チャレンヂ**

挑戦する
名 挑戦

いろいろな動詞

① love
[lʌ́v] ラッ

大好きである
名 愛, 恋愛

・**fall in love** (with ～) (〈～に〉恋をする)

He <u>loves</u> Dakki so much.
彼は妲己のことをとても愛している。

紂王

② hope
[hóup] ホウプ

望む
名 希望

I <u>hope</u> it won't rain.　雨が降らないといいんだけど。

③ respect
[rispékt] リスペクト

尊重する, 尊敬する
名 尊敬, 尊重

I <u>respect</u> his opinion.　彼の意見を尊重する。

③ celebrate
[séləbreit] セレブレイト

祝う

・**celebrate** the fifth anniversary (5周年を祝う)

③ hate
[héit] ヘイト

憎む

I <u>hate</u> violence.　私は暴力は大嫌いだ。

③ shock
[ʃák] シャック

ショックを与える
名 ショック

The news <u>shocked</u> me.　ニュースにショックを受けた。

いろいろな動詞

care
[kéər] **ケア**

心配する
名 世話／注意

- **take care of ～**（～の世話をする）
- **Take care.**（元気でね, お大事に）

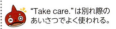 "Take care." は別れ際の あいさつでよく使われる。

hurt
[há:rt] **ハ～ト**

傷つける／痛む

(過) – hurt[ハ～ト] – hurt[ハ～ト]

My teeth <u>hurt</u>.　歯が痛い。

 hurtは「感情が傷つく」場合にも使う。

injure
[índʒər] **インヂャ**

傷つける

Many people were <u>injured</u> in the accident.
その事故で多くの人がけがをした。

rescue
[réskju:] **レスキュー**

救い出す
名 救助

save
[séiv] **セイヴ**

救う／たくわえる

- **save money**（貯金する）

He <u>saved</u> the lives of the forest and its animals.
彼は森と動物の命を救った。

救世動物王 コアラス

いろいろな動詞

help
[hélp] ヘルプ

手伝う, 助ける
名 助け

・May I help you? (いらっしゃいませ)

 "May I help you?"は「何かお手伝いできますか?」の意味。店員が客へ声をかけるときによく使われる。

Please help me, my prince!
お願い助けて、私の皇子様～! ⓢⓢ

妄想炸裂少女 紫式部

share
[ʃéər] シェア

分け合う

・share a room (部屋をいっしょに使う)

separate
[sépəreit] セパレイト

分ける
形 別々の

They separated into two groups.
彼らは2つのグループに分かれた。

collect
[kəlékt] コレクト

集める, 集まる

I collected all the monsters of the series.
そのシリーズのモンスターは全て集めた。

harvest
[há:rvist] ハーヴェスト

収穫する
名 収穫

いろいろな動詞

clean
[klíːn] **クリーン**

★★★★★★★ ①

きれいにする
形 きれいな

- clean up (きれいに掃除する)

> Oh, there is dust...
> I will clean it up...
> あ、ゴミ発見…お掃除しまーす… ⓢⓢ

シャイターン

wash
[wɑ́ʃ] **ワッシュ**

★★★★★★★ ①

洗う／洗濯する

- wash the dishes (皿を洗う) ・Wash your hands. (手を洗いなさい)

wear
[wéər] **ウェア**

★★★★★★★ ②

着ている

(過) – wore[ウォー] – worn[ウォーン]

She is wearing an apron.　彼女はエプロンをつけている。

> wearは服だけでなく、めがねや靴、時計など「身につけている」ものに使うのであるぞ！ wear shoes「靴をはいている」 wear a hat「帽子をかぶっている」 なお、「身につける動作」をいう場合はput onというので注意である！ put on glasses「めがねをかける」

fit
[fít] **フィット**

★★☆☆☆☆☆ ③

(大きさや型が)合う
形 適した

This shirt fits me well.　このシャツは私にぴったりだ。

remove
[rimúːv] **リムーヴ**

★★☆☆☆☆☆ ③

取り除く

Remove your hat during meals.　食事中は帽子を取りなさい。

いろいろな動詞

born ★★★★★★ ②
[bɔ́ːrn] ボーン

bear（産む）の過去分詞

過 bear[ベア] – bore[ボー] – born(e)[ボーン]

- **be born**（生まれる）

> You wish you were never born?
> 生まれなかった方が良かったですって？良くもそんな事が…逃

招かれざる者ジューダス

live ★★★★★★ ①
[lív] リヴ

住む／生きる

I live in Nagoya. 私は名古屋に住んでいる。

die ★★★★★★ ②
[dái] ダイ

死ぬ

- a **dying** man（死にかけの男）

> It seems he died without realizing it.
> 彼は気づかないうちに死んだようだ。

不信の怪・疑心暗鬼

kill ★★★★★ ③
[kíl] キル

殺す

He was killed in an accident.
彼は事故で死んだ。

 「事故や戦争などで死ぬ」ときは、ふつうdieではなくbe killedを使う。

disappear ★★★ ③
[disəpíər] ディサピア

見えなくなる

いろいろな動詞

finish
[fíniʃ] **フィ**ニシュ

終える, 終わる

I have to <u>finish</u> this homework by tomorrow.
明日までにこの宿題を終わらせなければいけない。

forget
[fərgét] フォ**ゲ**ット

忘れる

過 – forgot[フォ**ガ**ット] – forgotten, forgot[フォ**ガ**トン, フォ**ガ**ット]

Don't <u>forget</u> to call me at 7pm.
午後7時に私に電話するのを忘れないで。

remember
[rimémbər] リ**メ**ンバ

覚えている／思い出す

Do you <u>remember</u> me?　私のこと覚えてる？

think
[θíŋk] **スィ**ンク

考える, 思う

過 – thought[**ソ**ート] – thought[**ソ**ート]

・**think about ~**（~について考える）

> He has been <u>thinking</u> for a long time.
> 彼は長いこと考え続けている。

ロダン

solve
[sálv] **サ**ルヴ

(問題などを)解く, 解決する

Will he be able to <u>solve the mystery</u>?
彼はなぞを解くことができるのだろうか？

いろいろな動詞

hold
[hóuld] ホウルド
持つ／催す
過 – held[ヘルド] – held[ヘルド]

★★★★★★★ ①

- hold on （〈電話を切らずに〉待つ）

She is holding a big egg in her arms.
彼女は大きな卵を抱えている。

エキドナ

lay
[léi] レイ
置く, 横たえる
過 – laid[レイド] – laid[レイド]

★★★★★★★ ③

- lay an egg （卵を産む）

wrap
[rǽp] ラップ
包む

★★★★★★★ ③

- wrap a gift （贈り物を包む）

cover
[kʌ́vər] カヴァ
おおう
名 おおい, 表紙

★★★★★★★ ②

The town is covered in snow.　街は雪におおわれた。

discover
[diskʌ́vər] ディスカヴァ
発見する

★★★★★★★ ③

She discovered a new star.　彼女は新しい星を発見した。

"dis-"は接頭辞といって, 言葉の頭について「否定」の意味を加えるのである。discoverの場合は, cover「おおう」に「否定」の意味がついて, おおわれていたものが露わになる＝「発見する」という意味を作っているのであ〜る！

いろいろな動詞

find
[fáind] ファインド
見つける／わかる
過 – found [ファウンド] – found [ファウンド]
★★★★★★ ②

・**find out**（見つけ出す）

> I wonder if you can find the elixir of life ♪
> 不老不死の霊薬、あなたに見つけられるかしら♪

不死之神仙 蓬莱

remind
[rimáind] リマインド
思い出させる
★★★☆☆☆ ③

That song reminds me of you.
あの歌はあなたを思い出させる。

experience
[ikspí(ə)riəns] イクスピ(ア)リエンス
経験する
名 経験
★★★★★★ ②

try
[trái] トライ
試す
名 試み
★★★★★★ ③

・**try to ～**（～しようと努力する）

> I want to try the new magic word...
> 新しい魔法、試してみたいですねぇ…

ベルスター

continue
[kəntínju:] コンティニュー
続ける, 続く
★★★★★★ ③

・**To be continued.**（〈物語などが〉つづく）

いろいろな動詞

sing
[síŋ] スィング 過 – sang[サング] – sung[サング]

歌う

- **sing** a song（歌を歌う）

> Let's sing together!
> One, two, three, go!
> みんなで歌お！いち、にぃ、さん、はい！

童謡の守護精 滝廉太郎

shout
[ʃáut] シャウト

叫ぶ

- **shout** for help（助けを求めて大声を出す）

blow
[blóu] ブロウ 過 – blew[ブルー] – blown[ブロウン]

吹く

- wind **blows**（風が吹く）
- **blow** a whistle（ふえを鳴らす）

sound
[sáund] サウンド

～に聞こえる, ～に思われる
名 音

- **Sounds great!**（よさそうですね!）

 直訳すると、「よさそうに聞こえる」という意味。

spread
[spréd] スプレッド 過 – spread[スプレッド] – spread[スプレッド]

広げる, 広がる

- **spread** a rumor（うわさを広める）

perform
[pərfɔ́ːrm] パフォーム

演じる, 演奏する

We performed a play. 　私達は芝居を演じた。

いろいろな動詞

① dance ★★★★★
[dǽns] **ダ**ンス
踊る, ダンスをする
名 踊り, ダンス

・**dance** to music（音楽に合わせて踊る）

> Let's **dance** together,
> my sweet children ♪
> 踊りましょう！私の可愛い子供達♪

② shake ★★★★★
[ʃéik] **シェ**イク
振る
（過）- shook[**シュ**ック] - shaken[**シェ**イクン]

・**shake** hands (with ～)（〈～と〉握手する）

③ control ★★★★★
[kəntróul] コン**トロ**ウル
支配する
名 支配

He can't control his emotions.
彼は自分の感情をおさえられない。

④ cause ★★★★★
[kɔ́:z] **コ**ーズ
引き起こす
名 原因, 理由

It may cause some trouble.　それは問題を引き起こすかもしれない。

⑤ fight ★★★★★
[fáit] **ファ**イト
戦う
名 戦い
（過）- fought[**フォ**ート] - fought[**フォ**ート]

> You look strong ♪
> Will you **fight** with me?
> お前強そうだな♪俺と戦ってくれよ！

いろいろな動詞

① let
[lét] レット
させる

Let me kiss you. キスさせて。

Let's make it a great year.
新春の時は来た！
いい一年にしようね、アンゴルモア♪

新春の使者 ノストラダムス

let's（〜しましょう）はlet usを短くした形。

② happen
[hǽpn] ハプン
起こる

・What happened?（なにがあったの？）

① matter
[mǽtər] マタ
重要である
名 **事柄, 問題**

It doesn't matter at all. まったく問題ないよ。

③ trouble
[trʌ́bl] トラブル
迷惑をかける／悩ます
名 **心配**

① start
[stάːrt] スタート
始める, 始まる
名 **開始**

A new world will start...
from this place...
新しい世界が…ここから始まる…

新世界の創造主 ノア

いろいろな動詞

turn
[tə́ːrn] **タ～ン**
回す
名 回転／曲がること

- **turn off**（〈電気などを〉消す，〈水などを〉止める）

point
[pɔ́int] **ポイン**ト
さし示す／向ける
名 点数

- **point at** ～（～を指さす）
- **point out**（指摘する）

push
[púʃ] **プッ**シュ
押す

- **push** a button（ボタンを押す）

connect
[kənékt] **コネ**クト
つなぐ

cut
[kʌ́t] **カッ**ト
切る
(過) – cut[カット] – cut[カット]

- **cut down**（切り倒す）

> I can cut and sew,
> any shape or size ♪
> 切るのも縫うのも、思いのまま～♪ ⓢⓢ

ホムミ

add
[ǽd] **ア**ッド
加える

I added some sugar to the coffee.
コーヒーに砂糖を入れた。

いろいろな動詞

build
[bíld] ビルド

建てる

(過) – built[ビルト] – built[ビルト]

She <u>built</u> a huge house for dogs.
彼女は犬のための巨大な家を建てた。

徳川綱吉

raise
[réiz] レイズ

上げる／育てる

- **Raise your hand.** (手をあげて)

graduate
[grǽdʒueit] グラデュエイト

卒業する

We will <u>graduate</u> from junior high school next month.
私達は来月中学校を卒業する。

interview
[íntərvju:] インタヴュー

面接する, インタビューする
名 面接, インタビュー

I was <u>interviewed</u> for a job yesterday.
昨日就職のために面接を受けた。

decide
[disáid] ディサイド

決める

He <u>decided</u> to go to college.
彼は大学に行くことを決心した。

いろいろな動詞

wait
[wéit] **ウェイ**ト

待つ

> How long will he keep me <u>waiting</u>?
> 武蔵は来る…来ない…もう、
> いつまで待たせるの？

佐々木小次郎

allow
[əláu] **ア**ラウ

許す

We are <u>allowed</u> to bring smartphones to school.
私達は学校にスマホを持っていくことを許可されている。

realize
[rí(:)əlaiz] **リ**(ー)アライズ

理解する

choose
[tʃúːz] **チュー**ズ

選ぶ

(過) – chose[**チョウ**ズ] – chosen[**チョウ**ズン]

> I am the Shogun <u>chosen</u> by God.
> Obey me♡
> 余は神に選ばれし将軍ぞ？従うのじゃ♡

足利義教

need
[níːd] **ニー**ド

必要とする

I <u>need to</u> study hard for the test.
テストのためにいっしょうけんめい勉強する必要がある。

いろいろな動詞

recycle
[ri:sáikl] リーサイクル
★★★★★★ ③

リサイクルする

・**recycle** paper（紙をリサイクルする）

reduce
[ridjú:s] リデュース
★★★★★★ ③

減らす

・**reduce** trash（ごみを減らす）

reuse
[ri:jú:z] リーユーズ
★★★★★★ ③

再利用する
名 **再利用**

 名詞のときは[リーユース]。

burn
[bə́:rn] バ〜ン
★★★★★★ ②

燃える, 燃やす

(過) – burned, burnt[バ〜ンド, バ〜ント] – burned, burnt[バ〜ンド, バ〜ント]

「日焼け」はsunburnという。

> Burn bright... Just like the sunflowers bloom...
> 燃え盛れ…そは向日葵のごとく… ㊚

黒炎の画聖 ゴッホ

heat
[hí:t] ヒート
★★★★★★ ②

熱する
名 **熱／暑さ**

・**heat** the room（部屋を暖める）

shoot
[ʃú:t] シュート
★★★★★★ ③

撃つ

(過) – shot[シャト] – shot[シャト]

・**shoot** an arrow（矢を射る）

いろいろな動詞

place
[pléis] プレイス
置く
名 場所 ★★★★★★☆ ①

- take place（〈事件などが〉起きる）

protect
[prətékt] プロテクト
守る ★★★★☆☆☆ ②

前田利家＆まつ

"To protect the Maeda family!"
"Let's become stronger together!"
利家「前田の家を守るため！」
まつ「共に強くなりましょうぞ！」

mean
[míːn] ミーン
意味する ★★★★★★☆ ②
(過) – meant [メント] – meant [メント]

What does this word mean?
この単語はどういう意味ですか？

pray
[préi] プレイ
祈る ★★★☆☆☆☆ ③

- pray to God（神に祈る）

promise
[prámis] プラミス
約束する
名 約束 ★★☆☆☆☆☆ ②

天国へ導く神の光 ウリエル

Welcome to heaven ♪ You will be filled with happiness, I promise ♪
天国へようこそ♪
い〜っぱいの幸せ、約束してあげる♪

いろいろな動詞

wish
[wíʃ] **ウィッシュ**
★★★★★★ ③

願う, 望む
名 願い

I <u>wish</u> you success.　ご成功を祈ります。

ride
[ráid] **ライド**
★★★★★★ ②

乗る
(過) – rode[**ロウド**] – ridden[**リドン**]

・**ride** a bike（自転車に乗る）

ring
[ríŋ] **リング**
★★★★★★ ③

(ベルなどが)鳴る, 鳴らす
名 輪
(過) – rang[**ラング**] – rung[**ラング**]

The phone is <u>ringing</u>.　電話が鳴っている。

type
[táip] **タイプ**
★★★★★★ ③

入力する
名 型

・**type** words（文字を打つ）

print
[prínt] **プリント**
★★★★★★ ③

印刷する
名 印刷物

・**print** a book（本を印刷する）

rule
[rúːl] **ルール**
★★★★★★ ②

支配する
名 規則／支配

My words will <u>rule</u> the world!
私の言葉は世界を支配する…! ⓈⓈ

悪魔と融け合いし者ゲーテ

LET'S STUDY
ENGLISH WORDS
WITH
MONSTER STRIKE!

形容詞・副詞

形容詞は名詞を修飾して、状態や性質を表します。
一方副詞は、動詞・形容詞・副詞を修飾する品詞です。
どちらも比較級・最上級があり、比較級は「より〔もっと〕〜」の意味、
最上級は「最も〜」の意味になります。

> 比較級は語尾が"-er"で終わる形、
> 最上級は"-est"で終わる形になる場合と、
> 語の前にそれぞれ"more""most"が
> つく場合があるのである。

気持ち

happy
[hǽpi] ハピ
幸福な, うれしい

- **Happy birthday!**（お誕生日おめでとう!）
- **I am happy to meet you.**（お会いできてうれしいです, はじめまして）

She looks happy.　彼女は幸せそうだ。

angry
[ǽŋgri] アングリ
怒った

> The dog is very angry.
> その犬はとても怒っている。

怒りのソルティドッグ二等水兵

「(人)に怒っている」ときはbe angry with ～。
「(物事)に怒っている」というときはbe angry about ～。

sad
[sǽd] サッド
悲しい

I was sad to read the letter.
私はその手紙を読んで悲しかった。

afraid
[əfréid] アフレイド
こわがって

- **be afraid of** ～（～を恐れる〈こわがる〉）
- **I'm afraid (that)** ～（残念ながら～と思う）

terrible
[térəbl] テリブル
恐ろしい／ひどい

glad
[glǽd] グラッド ★★★★★★ ②

うれしい

名詞の前には用いない。

> Thank you for finding me…!
> I am really glad I met you…!
> 見つけてくれてありがとう…!
> あなたと会えて本当によかった…! ⓢⓢ

永遠の海の少女 キスキル・リラ

excited
[iksáitid] イクサイテド ★★★★★★ ①

興奮した, わくわくした

We got excited at the news. 　私たちはその知らせに興奮した。

interested
[íntəristid] インタレステド ★★★★★★ ②

興味を持った, 関心がある

I am interested in her. 　私は彼女のことが気になっている。

nervous
[nə́ːrvəs] ナ〜ヴァス ★★★★★☆ ②

神経質な, 不安な

I was very nervous then. 　私はその時とても緊張していた。

upset
[ʌpsét] アプセット ★★★★☆☆ ②

動揺して

positive
[pázətiv] パズィティヴ ★★★★☆☆ ③

積極的な

> He is bright and positive.
> 彼は明るく前向きだ。

ダイヤモンド

tired
[táiərd] **タイア**ド ★★★★★★ ①

疲れた

- be tired from ~ (~で疲れている)

> I am tired...
> 余は疲れたぞ... 側

至高の美 ダイヤのキング

proud
[práud] **プラ**ウド ★★★★★★ ②

誇りをもった

- I am proud of you. (あなたを誇りに思う)

sorry
[sári] **サ**リ ★★★★★★ ①

申し訳なく思って
間 すみません

- I'm sorry. (すみません)

> Sorry if I fall asleep ~
> 寝落ちしちゃったらごめんね~ SS

夜の女神 ネフティス

sleepy
[slí:pi] ス**リ**ーピ ★★★★★★ ①

眠い

- You look sleepy. (眠そうですね)

hungry
[háŋgri] **ハン**グリ ★★★★★★ ①

空腹の

thirsty
[θə́:rsti] **サ**~ステイ ★★★★★★ ①

のどがかわいた

天気

warm
[wɔ́ːrm] ウォーム
暖かい, 温かい
動 暖める, 温める

It's <u>nice and warm</u> in this room.
この部屋は<u>ちょうどいい暖かさ</u>だ。

cool
[kúːl] クール
涼しい, 冷たい／かっこいい

I can feel the <u>cool</u> wind.
<u>涼しい風</u>を感じる。

hot
[hát] ハット
熱い, 暑い

・**hot water**（湯）

It is very <u>hot</u> today.　今日はとても<u>暑い</u>。

cold
[kóuld] コウルド
冷たい, 寒い

It was <u>so cold</u> this morning that I couldn't get out of bed.
今朝は<u>寒すぎて</u>ベッドから出られなかった。

sunny
[sʌ́ni] サニ
晴れた

青天ヒーロー ミスターデルテル

I hope it will be <u>sunny</u> tomorrow.
明日は<u>晴れる</u>といいな。

cloudy
[kláudi] クラウディ

くもった

★★★★★ ②

It is <u>cloudy</u> today.　今日はくもっている。

rainy
[réini] レイニ

雨の

★★★★★ ②

- **the rainy season**（雨季, 梅雨）

It'll be <u>rainy</u> tomorrow.　明日は雨だろう。

snowy
[snóui] スノウイ

雪の降る, 雪の多い

★★★★☆ ②

She lives in a <u>snowy mountain</u>.
彼女は雪山に住んでいる。

山を護りし雪女　こゆき

windy
[wíndi] ウィンディ

風の吹く, 風の強い

★★☆☆☆ ②

dark
[dá:rk] ダーク

暗い

★★★★☆ ③

- **in the dark**（暗やみで）
- **dark** green（濃い緑色）

It's getting <u>dark</u>.　暗くなってきた。

solar
[sóulər] ソウラ

太陽の

★★★☆☆ ③

- **solar energy**（太陽エネルギー）
- **the solar system**（太陽系）

数や量

every
[évri] エヴリ

どの〜も／毎〜, 〜ごとに

- **every day**（毎日）
- **every** Sunday（毎日曜日）

Every monster has a name. どのモンスターにも名前がある。

everyのあとにくる名詞は単数形。

all
[ɔ́ːl] オール

すべての, 全部の
代 全部, すべての人〔もの〕
副 まったく, すっかり

All the members felt happy. すべてのメンバーが幸せを感じた。

- **all over 〜**（〜のいたるところで）
- **after all**（結局）
- **Not at all.**（どういたしまして）

- allは数えられる名詞にも数えられない名詞にも使えるのである。
- the/this/these/myなどといっしょに使うときは, 必ずその前に置くようにするのであるぞ！
  all the money「すべてのお金」, all my friends「私の友達全員」

some
[sʌ́m] サム

いくつかの
代 いくらか

Some students can't swim. 泳げない生徒も（何人か）いる。
- **for some time**（しばらくの間）

- 漠然とした数や量を表し, 日本語では訳す必要がない場合もあるのである。
- 「いくつかの」という意味で使う場合, someは肯定文, anyは疑問文・否定文に使うのである。ただし, なにか人にすすめるときなど, Yesという答えが予想できる疑問文ではsomeを使うのであ〜る！
  Would you like some tea?「（いくらか）お茶はいかがですか?」

any
[éni] エニ

（疑問文で）**いくつか**
（否定文で）**少しの〜も**／（肯定文で）**どんな〜も**
代 **いくつか／少しも**

Do you have <u>any</u> sisters?
あなたには（1人以上）姉妹がいますか？

There isn't <u>any</u> water left.
水は少しも残っていない。

<u>Any person</u> can play this game.
どんな人でもこのゲームはできる。

 可算名詞にも不可算名詞にも使う。
あとに来るのが可算名詞の場合, 疑問文・否定文では複数形, 肯定文では単数形になる。

both
[bóuθ] ボウス

両方の
代 **両方**
接 （both A and B の形で）**AもBも両方とも**

・both eyes（両目）

I want <u>both</u> monsters.
私はどちらのモンスターもほしい。

He hates <u>both</u> humans and devils.
彼は人間も悪魔も両方嫌っている。

嫉妬の権化 オセロー

each
[íːtʃ] イーチ

それぞれの
代 **それぞれ, めいめい**

Each student has to carry two boxes.
生徒はそれぞれ2つの箱を運ばなければならない。

 あとには単数形の名詞がくる。

several
[sévrəl] セヴラル

いくつかの

 a few より多く, many より少ない数を表す。

enough
[ináf] イナフ

十分な
副 十分に

★★★★★ ③

血を求む美女 モスキート

> Ah! It's not enough!
> I need more blood♡
> 嗚呼！足りないわ！もっと血を♡

- **enough** money to buy ～ （～を買うのに十分なお金）

few
[fjúː] フュー

(a ～)少しの, ほとんどない
代 (a ～)少数の人〔もの〕

★★★★★★ ②

There were <u>a few</u> children in the room.
部屋には子どもが数人いた。

There were <u>few</u> children in the room.
部屋には子どもがほとんどいなかった。

 可算名詞に使う。
<u>a few</u>は「少しはある」という肯定的な意味、<u>few</u>は「ほとんどない」という否定的な意味。

little
[lítl] リトル

小さい／(a ～)少しの, ほとんどない
副 (a ～)少し
代 (a ～)少し, 少量／少し(しか～ない)

★★★★★★ ①

比 **less** [レス]　最 **least** [リースト]

There is <u>a little</u> water in the pool.
プールには水が少しある。

There is <u>little</u> water in the pool.
プールには水がほとんどない。

- 「少し」という意味で使う場合、数えられない名詞に使うのである。
- fewと同じように、a littleは「少しはある」という肯定的な意味、littleは「ほとんどない」という否定的な意味になるのであるぞ！

many
[méni] メニ

多くの
代 多数の人〔もの〕

数えられる名詞に使う。

比 **more**[モー] 最 **most**[モウスト]

- How many 〜? (いくつの〜?)

How many Jyushin monsters do you have?
獣神化モンスターはいくつ持ってる?

much
[mʌ́tʃ] マッチ

多量の
副 とても, 非常に

数えられない名詞に使う。

比 **more**[モー] 最 **most**[モウスト]

- How much 〜? (どれほどの量の〜?)

I have much free time.　自由な時間がたくさんある。

more
[mɔ́ːr] モー

(many, much の比較級) もっと多くの
副 もっと
代 もっと多くのもの〔こと, 人〕

- more than 〜 (〜より多くの)

I need more power from the Angels!
もっとだ、もっと天使の力をよこせ！

苛烈なる暴魔 アマイモン

most
[móust] モウスト

(many, much の最上級) 最も多くの／大部分の
副 最も, いちばん
代 最も多くの数〔量〕

Most people know the musician.
ほとんどの人がそのミュージシャンを知っている。

良し悪し

① good
[gúd] グッド
よい／上手な, おいしい

比 **better**[ベタ] 最 **best**[ベスト]

- be good at ～ (～が上手だ)
- be good for ～ (～によい)

> Good boy, keep it up ♪
> 良い子ね、その調子 ♪
> お母さん応援しちゃう♡ ⓈⓈ

怪物たちの母 エキドナ

better
(goodの比較級) **よりよい**

Their team is better than ours.
私たちのチームより彼らのチームのほうがよい。

best
(goodの最上級) **最もよい**

She is my best friend.　彼女は私の親友だ。

② bad
[bǽd] バッド
悪い

比 **worse**[ワ～ス] 最 **worst**[ワ～スト]

- a bad cold (ひどい風邪)

Eating too much is bad for your health.
食べ過ぎは健康に悪い。

worse
(badの比較級) **より悪い**

The weather is getting worse.　天気がさらに悪くなってきた。

worst
(badの最上級) **最も悪い**

> bestとworstは、theまたは代名詞の所有格を前につけるのがふつう。

wrong
[rɔ́ːŋ] ローング

間違った
副 間違って

- **What's wrong?** (どうしたの?)

> My directions are never wrong!
> この仲謀の采配に間違いなど無いわ!

孫権 仲謀

right
[ráit] ライト

正しい／右の
名 右／権利
副 右へ〔に〕／すぐに, まさに

- **All right.** (わかりました)
- **turn right** (右に曲がる)
- **That's right.** / **You're right.** (そのとおりです)

「右」の意味の反対はleft「左」。

nice
[náis] ナイス

すてきな, よい

- **Nice to meet you.** (お会いできてうれしいです, はじめまして)

fine
[fáin] ファイン

元気な
／晴れた, 申し分のない, 立派な

("How are you?") I'm fine, thank you.
(「元気ですか?」という問いかけに対して) 元気です, ありがとう。

great
[gréit] グレイト

すばらしい／偉大な

- **a great pianist** (偉大なピアニスト)
- **That's great.** (それはすごい)

perfect
[pə́ːrfikt] パ〜フェクト

完全な

simple
[símpl] スィンプル

単純な

OK
[oukéi] オウケイ

よろしい, だいじょうぶ
間 よろしい, はい

- Are you OK? (だいじょうぶですか?)

比較（量）

big
[bíg] ビッグ

大きい

- a **big** city (大都市)
- a **big** problem (重大な問題)

Let's compete who can make a bigger bubble!
どっちの風船が大きいか、勝負しようぜ！

バブルボーイ

small
[smɔ́ːl] スモール

小さい

I live in a small town.
私は小さな町に住んでいる。

large
[láːrdʒ] ラーヂ

大きい, 広い

神々の女帝 ヘラ

She has a large sized doll of her husband.
彼女は夫の形の大きな人形を持っている。

bigとlarge, どちらも「大きい」という意味であるが, largeは客観的に判断して「大きい」ものに使うのであるぞ。
例えばa large populationは「多くの人口」だし, large size「Lサイズ」はSサイズと比較して客観的に「大きい」サイズなのである！

tall
[tɔ́ːl] トール

背が高い

 細長くて高いもの(ビルなど)や人に使う。

・a tall tree (高い木)

short
[ʃɔ́ːrt] ショート

背が低い, 短い

・a short story (短いお話)

high
[hái] ハイ

高い
副 高く

山や建物に使う。

・a high mountain (高い山)　・jump high (高くジャンプする)

low
[lóu] ロウ

低い
副 低く

・a low price (低価格)

wide
[wáid] ワイド

幅の広い
副 広く

heavy
[hévi] ヘヴィ

重い

light「軽い」

・a **heavy** bag（重いかばん）

Her tails are heavy.
彼女のしっぽは重い。

玉藻前

long
[lɔ́ːŋ] ローング

長い
副 長く

The war machine was created a long time ago.
その兵器は大昔に作られた。

古の巨人兵器 ヨトゥン

fast
[fǽst] ファスト

速い
副 速く

・a **fast** runner（走るのが速い人）

slow
[slóu] スロウ

遅い

You are too slow! I will show you the speed of light!
遅い遅い！光の速さってのを教えてあげる！

星光の機巧闘姫 ヒカリ

quick
[kwík] ク**ウィ**ック

速い, すばやい

I had a quick shower.　私は<u>さっと</u>シャワーを浴びた。

late
[léit] **レ**イト

遅れた／遅い
副 遅く, 遅れて

赤木凛

She is late for school.
彼女は学校に遅れている。

・**get up late**（遅く起きる）

比較級・最上級が意味によって異なるので注意。
〔時間〕late – later[**レ**イタ] – latest[**レ**イテスト]　〔順序〕late – latter[**ラ**タ] – last[**ラ**スト]

様子・性格・性質など

busy
[bízi] **ビ**ズィ

いそがしい

I am very busy now.　今とてもいそがしい。

boring
[bɔ́:riŋ] **ボ**ーリング

退屈させる

炎の闘神 ニルヴァーナ

Isn't this world boring?
Let me have more fun!
こんな世界<u>退屈</u>だろ？
もっと楽しませてくれよ！

interesting
[íntəristiŋ] **イン**タレスティング

おもしろい, 興味深い

This movie is interesting.
この映画は**おもしろい**。

funnyは「こっけいでおもしろい」, interestingは「興味をそそっておもしろい」ときに使う。

exciting
[iksáitiŋ] イク**サ**イティング

興奮させる, わくわくさせる

- an **exciting** boxing match (わくわくするボクシングの対決)

wonderful
[wʌ́ndərfəl] **ワ**ンダフル

すばらしい

He is a wonderful guitar player.
彼は**すばらしい**ギタリストだ。

帰天の地獄王サタン

brave
[bréiv] ブ**レ**イヴ

勇敢な

- a **brave** warrior (勇敢な戦士)

powerful
[páuərfəl] **パ**ウアフル

力強い

smart
[smάːrt] ス**マ**ート

利口な

- a **smart** girl (かしこい少女)

clever
[klévər] クレヴァ ★★☆☆☆☆☆ ③

利口な

万能の天才 ダ・ヴィンチ

> She is very <u>clever</u>.
> 彼女はとても<u>かしこい</u>。

funny
[fʌ́ni] ファニ ★★★☆☆☆☆ ②

おかしい, こっけいな ／奇妙な, 変な

- a **funny** clown (おかしなピエロ)

shy
[ʃái] シャイ ★★★★☆☆☆ ②

恥ずかしがりの

- Don't be **shy**. (恥ずかしがらないで)

kind
[káind] カインド ★★★★★★★ ①

親切な, やさしい
名 種類

アラジン

- a **kind** of 〜 (ある種の〜)

> He is always <u>kind</u> to the weak.
> 彼はいつも弱者に<u>やさしい</u>。

polite
[pəláit] ポライト ★★☆☆☆☆☆ ③

ていねいな, 礼儀正しい

ガブリエル

> She seems to be a <u>polite</u> lady.
> 彼女は<u>礼儀正しい</u>女性のようだ。

serious
[síriəs] **スィ**リアス

深刻な／重大な ★★★★ ③

- **Are you serious?**（本気なの？）

> He is a <u>serious person</u>.
> 彼は<u>真面目な人</u>だ。

周瑜

cute
[kjúːt] **キュ**ート

かわいい ★★★★★★ ①

pretty
[príti] プ**リ**ティ

かわいい ★★★★★ ①

 cuteはペットや子供に対して「かわいい」というときに使うことが多い。prettyは大人に対しても使える。

beautiful
[bjúːtəfəl] **ビュー**ティフル

美しい ★★★★★ ①

 比較級はmore beautiful，最上級はmost beautiful。

rich
[rítʃ] **リ**ッチ

金持ちの ★★★★ ②

> They were <u>born rich</u>.
> 彼女たちは<u>裕福な家に生まれた</u>。

金光ミミ＆ロロ

poor
[púər] **プ**ア

貧しい／かわいそうな ★★★★★★ ②

 名詞の前について「かわいそうな」の意味でも使う。

時

young
[jáŋ] ヤング — 若い

My sister is three years <u>younger</u> than I.
妹は私より3才年下だ。

old
[óuld] オウルド — 古い／年を取った

・〜 year(s) old （〜才）

> She is <u>old</u> but still powerful.
> 彼女は老いてなおたくましい。

黄蓋公覆

比較級・最上級は – **older**[オウルダ] – **oldest**[オウルデスト]であるが，年上をあらわす場合のみ – **elder**[エルダ] – **eldest**[エルデスト]となるのである。　elder brother「兄」

new
[njúː] ニュー — 新しい

・a **new** student （新入生）

junior
[dʒúːniər] ヂューニア — 年下の

・**junior** high school （中学校）

elementary
[eləméntəri] エレメンタリ — 初等の

・**elementary** school （小学校）

last
[lǽst]ラスト

最後の／この前の
副 最後に／この前

 first「最初の」

- **last** week（先週）
- the **last** train（最終電車）

> He shot his last arrow.
> 彼は最後の矢を放った。

豹人の魔弓士フィグゼル

I saw him last night.　昨夜彼に会った。

past
[pǽst]パスト

過去の
名 (the 〜)過去
前 (時間)〜を過ぎて／(場所)〜を通り過ぎて

- for the **past** week（ここ一週間）

next
[nékst]ネクスト

次の／となりの
副 次に

- **next** year（来年）
- **next** to 〜（〜のとなりに）

I will visit her next Friday.　今度の金曜日に彼女を訪ねる。

daily
[déili]デイリ

日常の

- **daily** life（日常生活）

traditional
[trədíʃənl]トラディショヌル

伝統的な

- **traditional** Japanese music（日本の伝統音楽）

ペアで覚える形容詞

easy
[íːzi] イーズィ — 簡単な

華麗なるシェフ ラザニー

It is <u>easy</u> for him to cook.
彼にとって料理は簡単だ。

difficult
[dífikəlt] ディフィカルト — 難しい

- a **difficult** mission（難しい任務）

empty
[émpti] エンプティ — からっぽの

- an **empty** bottle（空きびん）

full
[fúl] フル — いっぱいの／満腹の

- **be full of** 〜（〜で満たされている）
- **I'm full.**（おなかがいっぱいだ）

cheap
[tʃíːp] チープ — 安い

This camera was <u>cheap</u>.　このカメラは安かった。

expensive
[ikspénsiv] イクスペンスィヴ — 高価な

His jacket is not <u>expensive</u>.　彼のジャケットは高級ではない。

weak
[wíːk] **ウィ**ーク
弱い

- a **weak** voice (弱々しい声)

strong
[strɔ́ːŋ] スト**ロー**ング
強い

- build a **strong body** (強い体を作る)

quiet
[kwáiət] ク**ワ**イエト
静かな

- **Be quiet!** (静かにしなさい!)

loud
[láud] **ラ**ウド
(声・音が)大きい
副 大声で

宝石応援団長 珊瑚

> She cheers on the team with a loud voice.
> 彼女は大きな声でチームを応援する。

different
[dífərənt] **ディ**ファレント
違う

- **different** types of monsters (異なった〈様々な〉タイプのモンスター)

same
[séim] **セ**イム
(the ～) 同じ
代 (the ～) 同じもの〔こと〕

- at the **same** time (同時に)

いろいろな形容詞

bright ★★★★★★☆ ②
[bráit] ブライト　　明るい

A <u>bright</u> moon shines in the sky.
明るい月が空に輝いている。

ツクヨミ

clear ★★★★★★☆ ③
[klíər] クリア　　澄んだ, 晴れた／はっきりした

It was a <u>clear</u> day today.　　今日は晴れた一日だった。

fresh ★★★★★★☆ ③
[fréʃ] フレッシュ　　新鮮な

・**fresh vegetables**（新鮮な野菜）

wild ★★★★★★☆ ③
[wáild] ワイルド　　野生の

・**wild animals**（野生動物）

natural ★★★★★★☆ ②
[nǽtʃərəl] ナチュラル　　自然の

real ★★★★★★☆ ②
[ríəl] リアル　　本当の／現実の

Nobody knows her <u>real</u> name.　　誰も彼女の本名を知らない。

original ★★★★★★☆ ②
[ərídʒənl] オリヂヌル　　最初の, 元の／独創的な

いろいろな形容詞

important 重要な
[impɔ́ːrtənt] インポータント

Love is the most important thing for him.
彼にとって一番大切なものは愛だ。

amazing 驚くべき
[əméiziŋ] アメイズィング

・an amazing performance (驚くべき演奏)

famous 有名な
[féiməs] フェイマス

・be famous for ～ (～で有名である)

popular 人気のある
[pápjulər] パピュラ

絶対不滅アイドル 白雪姫リボン

She is popular among young boys.
彼女は若い男子に人気がある。

favorite お気に入りの
名 お気に入り
[féivərit] フェイヴァリト

My favorite subject is Math.　大好きな科目は数学です。

useful 役に立つ
[júːsfəl] ユースフル

・a useful tool (役に立つ道具)

いろいろな形容詞

dangerous 危険な
[déindʒərəs] デインヂャラス

It is dangerous to play baseball here.
ここで野球をするのは危険だ。

dead 死んだ
[déd] デッド

He has been dead for three years.
彼が死んで3年になる。

動詞のdie「死ぬ」は生から死への変化を意味するのに対し、形容詞のdead「死んだ」は死んでいる状態を意味するのである！

sick 病気の
[sík] スィック

She was sick but kept on fighting.
彼女は病気だったが戦い続けた。

病身の天才軍師 竹中半兵衛

safe 安全な
[séif] セイフ

I feel safe here.　ここは安心できる。

careful 注意深い
[kéərfəl] ケアフル

・Be careful.（気をつけて）

いろいろな形容詞

blind [bláind] ブラインド
目の見えない

strange [stréindʒ] ストレインヂ
奇妙な

- a **strange** creature（奇妙な生き物）

deep [díːp] ディープ
深い

- **deep** snow（深い雪）

She released a **deep-sea** devil.
彼女は深海の魔物を放った。

幻棲鬼 ファルファレルロ

close [klóus] クロウス
接近した／親しい

動詞の close「閉じる」は[クロウズ]と発音するので注意。

My grandma's house is **close to** the beach.
祖母の家はそのビーチの近くにある。

similar [símələr] スィミラ
似ている

- **similar** dresses（似た服）

only [óunli] オウンリ
ただ1つ〔1人〕の, 唯一の
副 ただ～だけ

- an **only** child（一人っ子）

いろいろな形容詞

★★★★★ ②

lucky
[lʌ́ki] ラキ

幸運な

★★★★★★ ②

special
[spéʃəl] スペシャル

特別の

・a **special** meal (特別な食事)

★★★★★★ ①

delicious
[dilíʃəs] ディリシャス

とてもおいしい

> That girl…was delicious…
> あの娘は…美味かったのぅ… (倒)

贄を喰らう八頭ノ大蛇

★★☆☆☆☆ ②

excellent
[éksələnt] エクセレント

すぐれた

She is an excellent student.　彼女は優秀な生徒だ。

★★★☆☆☆ ②

soft
[sɔ́ːft] ソーフト

やわらかい

I like a soft pillow.　私はやわらかい枕が好きだ。

★★★★★ ②

sweet
[swíːt] スウィート

甘い
／(音・香りなどが)心地よい

> Die…in your sweet dreams…♡
> 甘美なる夢の中で…果てるがいいわ…♡ (SS)

享楽の女暗殺者 グレモリー

いろいろな形容詞

personal
[pə́:rsənl] パ〜ソヌル
個人的な
★★★☆☆☆☆ ②

- for personal reasons（個人的な理由で）

public
[pʌ́blik] パブリク
公の
★★★☆☆☆☆ ②

- a public bath（公衆浴場）

local
[lóukəl] ロウカル
地元の, その土地の
★★★☆☆☆☆ ③

- eat local food（地元料理を食べる）

foreign
[fɔ́:rin] フォーリン
外国の
★★★★★☆☆ ③

発音に注意。

- a foreign country（外国） ・a foreign language（外国語）

international
[intərnǽʃenl] インタナショヌル
国際的な
★★★★★★☆ ③

> Her business became an international success.
> 彼女の事業は国際的な成功をおさめた。

スペースセレブ
マルコ・ポーロ

national
[nǽʃenl] ナショヌル
国家の, 国の
★★★★☆☆☆ ③

- a national holiday（国民の祝日）

いろいろな形容詞

able
[éibl] **エ**イプル

できる

You will <u>be able to see</u> him tomorrow.
あなたは明日には彼に会うことができるだろう。

possible
[pásəbl] **パ**スィブル

可能な

Is it <u>possible</u> to meet this Sunday?
日曜日に会うことはできますか？

free
[fríː] **フ**リー

ひまな／自由な

Are you <u>free</u> next Saturday?　今度の土曜日はひまですか？

ready
[rédi] **レ**ディ

準備ができて

- **be ready for** ～（～の用意ができている）
- Dinner is **ready**.（夕食の準備ができた）

necessary
[nésəseri] **ネ**セセリ

必要な

Water is <u>necessary</u> for life.
生命にとって水は不可欠だ。

慈雨と豊穣の神 バアル

いろいろな形容詞

professional
[prəféʃənl] プロ**フェ**ショヌル
プロの／専門職の
名 プロ／専門家

冷血なる死神 パピー吠崎

He is a professional killer.
彼はプロの殺し屋だ。

main
[méin] **メ**イン
主な, 主要な

・main stadium（メインスタジアム）

common
[kámən] **カ**モン
ふつうの／共通の

・common sense（常識）

other
[ʌ́ðər] **ア**ザ
ほかの, 別の
代 ほかのもの〔人〕

・the other day（先日）　・in other words（言い換えると）

another
[ənʌ́ðər] ア**ナ**ザ
もう1つの, もう1人の／別の, ほかの
代 もう1つ, もう1人／別のもの

Can you show me another one?
（店などで）別のものを見せてくれますか？

final
[fáinl] **ファ**イヌル
最後の

・final judgment（最終的な判断）

いろいろな形容詞

left
[léft] レフト
左の
名 左
副 左へ〔に〕

 右の「right」

- the **left hand**（左手, 左側）

own
[óun] オウン
自分自身の

- **my own** computer（私自身のコンピューター）

round
[ráund] ラウンド
丸い

- a **round** table（丸いテーブル）

whole
[hóul] ホウル
全体の

女帝カヴァレッタ

> Ah! The whole world is fascinated by my music ♡
> あぁ！世界が私の音楽の虜だわ♡ ⓈⓈ

true
[trúː] トルー
本当の, 真実の

- **come true**（本当になる, 実現する）

human
[hjúːmən] ヒューマン
人間の
名 人間

- **human rights**（人権）
- **human being**（人間）

いろいろな形容詞

such
[sʌ́tʃ] サチ ★★★★★★ ②

そのような, とても

I am not such a fool. 私はそれほど愚かではない。
He is such a smart boy. 彼はとても利口な少年だ。

welcome
[wélkəm] ウェルカム ★★★★★★ ①

歓迎される
動 歓迎する

・You're welcome. (どういたしまして)

Welcome to
my city of Emerald!
ようこそ、私のエメラルドシティへ！

エメラルドシティの王 オズ

sure
[ʃúər] シュア ★★★★★★ ①

確信して
副 (返事で)もちろん

・be sure (that) ～ (～だと確信している)
・for sure (確かに)

dear
[díər] ディア ★★★★★★ ①

(手紙の書き出しで)親愛なる～, ～様

手紙でdearを使う場合, フルネームはあとにこないのであるぞ。
Dear Ann, Dear Ms. Brown, など, 姓か名前のどちらかにするのである。

次ページから副詞⇒

位置・方向・距離

here
[híər] ヒア

ここに

★★★★★★ ①

- come here (ここへ来る)
- Here you are. (はいどうぞ)

there
[ðéər] ゼア

そこに

★★★★★★ ①

- over there (あそこに, 向こうに)

He lives there alone. 彼はそこにひとりで住んでいる。

straight
[stréit] ストレイト

まっすぐに
形 まっすぐな

★★★★★★ ②

Go straight along this street.
この道をまっすぐ行ってください。

forward
[fɔ́:rwərd] フォーワド

前方へ

★★★★★ ②

- look forward to ～
  (～を楽しみにして待つ)

Cavalry, move forward!
Show them the potential of Choshu!
騎兵隊前へ！長州の底力を見せてやれ！ ⓈⓈ

倒幕上等の長州藩士・高杉晋作

ahead
[əhéd] アヘッド

前へ

★★★★★ ③

- go ahead (先へ進む)
- Go ahead. (どうぞお先に)

near
[níər] ニア

近くに
前 〜の近くに

距離や時期が「近い」。

- in the **near** future (近い将来)

Our house is near the station. 　私達の家は駅の近くにある。

far
[fáːr] ファー

遠くに〔へ〕
形 遠い

比 farther [**ファーザ**] 最 farthest [**ファー**ゼスト] (距離)
比 further [**ファ**〜ザ] 最 furthest [**ファ**〜ゼスト] (程度・時間・距離)

How far is it from here to your house?
ここからあなたの家までどれくらいありますか?

abroad
[əbrɔ́ːd] アブロード

外国に〔で〕

- study abroad (留学する)

out
[áut] アウト

外に〔へ〕

Come on Amaterasu, come out from there...
さあ、アマテラスちゃん、出ていらっしゃい…

古の踊り女神 天鈿女命

outside
[autsáid] アウト**サイ**ド

外に〔へ〕

It's cold outside.　外は寒い。

up
[ʌ́p] **ア**ップ

上〔に〕へ／起きて
前 〜の上へ、〜を上がって

・stand up（立ち上がる）
・What's up?（どうしたの? 元気?）

Back and front!
Up and down!
奥から手前! 上から下へだ！ ⓈⓈ

オオソウジャー

down
[dáun] **ダ**ウン

下へ／下がって
前 〜の下へ、〜を下がって

・sit down（座る）　　・go down（下へ行く、下りる）

everywhere
[évri(h)weər] **エ**ヴリ(ホ)ウェア

どこでも

・everywhere in the world（世界中どこでも）

somewhere
[sʌ́m(h)weər] **サ**ム(ホ)ウェア

（肯定文で）どこかへ

I have seen him somewhere.　彼をどこかで見たことがある。

anywhere
[éni(h)weər] **エ**ニ(ホ)ウェア

（疑問文・if 節で）どこかへ／（否定文で）
どこへも／（肯定文で）どこへでも

Did you go anywhere during the summer vacation?
夏休みの間にどこか行った?

「どこかへ」を肯定文でいうときはsomewhere、疑問文や否定文でいうときはanywhereを使うことが多い。

時

now
[náu]ナウ

今

麗しき妖精賢王 オベロン

> For the happiness of the people...it is time to study deeply now...
> 民の幸せのために…
> 今は思索の時…

then
[ðén]ゼン

そのとき／それから

- See you **then**. (じゃあまたそのときに)
- I was watching TV **then**. 私はそのときテレビを見ていた。

later
[léitər]レイタ

あとで

- See you **later**. (じゃあまたあとで)

ago
[əgóu]アゴウ

〜前に

- two days **ago** (2日前に)
- **a long time ago** (ずっと昔に)

o'clock
[əklάk]オクラック

〜時

It's seven o'clock in the evening.
今, 夜の7時です。

「〇時」ちょうどのときだけ使う言葉で,「〇時〇分」というときには使わない。

someday
[sʌ́mdei] **サ**ムデイ

いつか

some dayと分けてつづることもある。

I will see you again, someday...
オレは海の渡り鳥…
また いつか、お目にかかるッス…

サン・カモメーノ

just
[dʒʌ́st] **チャ**スト

ちょうど／たった今／ただ～だけ

- **Just a minute.** (ちょっと待ってください)

He has just left home.　彼はたった今家を出たところだ。

still
[stíl] ス**ティ**ル

今でも, まだ

Is she still there?　彼女はまだそこにいるのですか？

finally
[fáinəli] **ファ**イナリ

ついに

I am finally going to make my debut on the stage!
ついにあたしもステージデビュー！

ネオン

already
[ɔːlrédi] オール**レ**ディ

すでに, もう

I have already finished the work.　私はもう仕事を終えた。

suddenly
[sʌ́dnli] サドンリ
突然

forever
[fərévər] フォレヴァ
永遠に

> Your space-time has been stopped, forever...♪
> 君の時空は停止したんだ、永遠にね…♪

暗黒なる紳士 ホールズ・ブラック

頻度

always
[ɔ́:lweiz] オールウェイズ
いつも

> Let go of your fear...
> God is always with us...
> 恐れを捨てなさい…
> 主は常に我らと共に…

希望の大聖女 ジャンヌ・ダルク

usually
[jú:ʒuəli] ユージュアリ
ふつうは

I usually wake up at seven.　私はたいてい7時に目が覚める。

頻度が高い順番に並べると, always＞usually＞often＞sometimes。

often
[ɔ́:fn] オーフン
しばしば

I often visit this museum. 私はよくこの博物館に来る。

sometimes
[sámtaimz] サムタイムズ
ときどき

She is sometimes late for school.
彼女はときどき学校に遅刻する。

ever
[évər] エヴァ
(疑問文で)今までに

Have you ever been to China?
今までに中国に行ったことはありますか？

again
[əgén] アゲン
再び

・again and again (何度も何度も)

once
[wáns] ワンス
1度／かつて

We only live once, let's be gorgeous and elegant!
たった一度の人生、風流に行こうぜ！

絢爛たる風流人士 前田慶次

twice
[twáis] トワイス
2度, 2回／2倍

 3回以上は three times など、〈数+times〉で表す。
twice a year「年に2回」, five times a week「週に5回」。

程度・強度

very
[véri] **ヴェ**リ

とても

- a **very** difficult mission (とても難しい任務)
- Thank you **very** much. (どうもありがとうございます)

too
[túː] **トゥ**ー

〜もまた／あまりにも

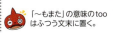
「〜もまた」の意味のtooはふつう文末に置く。

- **too much** salt (多すぎる塩分)
- "I'm thirsty." "Me too." 「のどがかわいた」「私も」

so
[sóu] **ソ**ウ

そんなに, とても／そのように
接 だから

- **I think so**. (〈相づちなどで〉そう思うよ)
- I am **so excited**. 私はとてもわくわくしている。

almost
[ɔ́ːlmoust] **オ**ールモウスト

ほとんど

Frustrating...
I **almost** reached there...
悔しい…あと少しで届いたのに…

ぶっ飛びインプスニック

even
[íːvn] **イ**ーヴン

〜でさえ／(比較級を強めて)いっそう

Even a child knows that.
子供でさえそのことを知っている。

quite
[kwáit] クワイト ★★★☆☆ 3

- **quite often**（かなりの頻度で）

> She has been waiting for him for <u>quite</u> a while.
> 彼女は彼のことをかなり長い間待っている。

巌流の剣士 佐々木小次郎

「とても/かなり/なかなか」と、前後の文脈で程度が異なる。

certainly
[sə́ːrtnli] サ〜トンリ ★★☆☆☆ 3

確かに／（返事で）もちろん

I <u>certainly</u> think so.　　私は確かにそう思います。

"May I have a cup of coffee?" "Certainly."
「コーヒーを一杯頂けますか?」「かしこまりました」

especially
[ispéʃəli] イスペシャリ ★★★★★★ 2

特に

I like fruits, <u>especially</u> apples.
私は果物, 特にリンゴが好きだ。

exactly
[igzǽktli] イグザクトリ ★★☆☆☆ 3

正確に／（返事で）そのとおり

They look <u>exactly</u> the same.
彼らはまったく同じに見える。

状態

early
[ə́ːrli] アーリ

早く
形 早い

- get up **early**（早く起きる）

> Wait!! It's too early to uncover the pot!
> あいや待たれ～い!!
> 蓋を取るのはまだ早い！

鍋奉行 貝沢山熱玉郎

soon
[súːn] スーン

まもなく, すぐに

- **as soon as possible**（できるだけ早く）

You will get better soon.　すぐに良くなるよ。

quickly
[kwíkli] クウィクリ

速く, すぐに

She ate breakfast quickly.　彼女はすばやく朝食を食べた。

slowly
[slóuli] スロウリ

ゆっくり

- **speak slowly**（ゆっくり話す）

hard
[háːrd] ハード

熱心に, 一生懸命に
形 難しい／かたい

I studied hard all day today.
今日は一日中一生懸命に勉強した。

いろいろな副詞

yes
[jés] イェス

はい

"Are you a student?" "Yes, I am."
「あなたは学生ですか?」「はい, そうです」

no
[nóu] ノウ

いいえ
形 1つ〔1人〕も〜ない

- **No, thank you**. (いいえ, 結構です)
- **no longer** 〜 (もう〜ない)

疑問文に答えるとき, 英語では答えが肯定文であれば yes, 否定文であれば no で答えるのである。否定の疑問文では日本語とは答え方が逆になるので, 要注意なのであ〜る！
例:"Don't you like coffee?"
　「あなたはコーヒーが好きではないのですか?」
→好きな場合の答え方は, "Yes, I do."(日本語だと「いいえ, 好きです」)
→嫌いな場合の答え方は, "No, I don't."
　(日本語だと「はい, 好きではありません」)

not
[nát] ナット

〜でない

be動詞・助動詞や do/does/did のあとについて否定文を作る。
語句の直前について, 語句自体を打ち消すこともある。
He is not tall. (彼は背が高くない)
He is a dragon, not a lizard. (彼はドラゴンで, トカゲではない)

please
[plíːz] プリーズ

どうぞ, どうか, お願いします
動 喜ばせる

<u>Please</u> come here.　ここに来てください。
Two coffees, <u>please</u>.　コーヒーを2つください。

文の最後に置く場合は, 前にコンマ(,)をつける。

いろいろな副詞

never
[névər] ネヴァ
★★★★★★★ 3

決して〜ない

I never miss my target.
狙った獲物は決して外しません。

ミョルニル

maybe
[méibi:] メイビー
★★★★★★ 2

たぶん

Maybe it is true.
もしかするとそれは本当かもしれない。

perhaps
[pərhǽps] パハップス
★★★★★★★ 3

たぶん

maybe も perhaps も同じ「たぶん」という意味である。口語ではmaybe のほうが多く使われるのであるぞ。ほかに probably という単語もあって、こちらはもっと可能性が高い場合に使うのである。

yet
[jét] イエット
★★★★★★★ 3

(否定文で)まだ(〜ない)
／(疑問文で)もう

He has not had lunch yet.
彼はまだ昼食を食べていません。

肯定文では普通 already を使うのである。
He had lunch already.「彼はもう昼食を食べた」
疑問文では普通 yet を使うが、already を使って驚きの気持ちを表すこともできるのである！
Are you back yet?「まだ戻らないの？」
Are you back already?「もう戻ってきたの？」

いろいろな副詞

back
[bǽk] バック

戻って／後ろへ〔に〕
名 背中／(the ～)後ろ

- **go back** (帰っていく)
- **come back** (帰ってくる)

> It's OK. We can definitely take our country back.
> 大丈夫。私たちの国は、必ず取り戻せるよ。 ⓈⓈ

紫苑

away
[əwéi] アウェイ

離れて

- **go away** (去る)
- **far away** (はるか遠くに)

alone
[əlóun] アロウン

ひとりで

My elder brother lives alone in Okinawa.
私の兄は沖縄にひとりで住んでいる。

together
[təgéðər] トゥゲザ

いっしょに

They went home together. 彼らはいっしょに家に帰った。

off
[ɔ́ːf] オーフ

離れて
前 ～から離れて

- **turn off** (消す, 止める)
- **take off** (脱ぐ, 離陸する)

いろいろな副詞

also
[ɔ́ːlsou] **オー**ルソウ

〜もまた

tooとほぼ同じ意味。

She sings well. Her father also sings well.
彼女は歌がうまい。彼女の父も歌がうまい。

well
[wél] **ウェ**ル

上手に／十分に
形 健康で, 元気で

比 **better**[ベタ] 最 **best**[ベスト]

She can decorate cakes very well.
彼女は上手にケーキをデコレーションできる。

ショコラ

actually
[ǽktʃuəli] **ア**クチュアリ

実際に／実は

Actually, I don't know the answer.
実は, 私はその答えを知らない。

anyway
[éniwei] **エ**ニウェイ

とにかく

Let's try it anyway.　とにかくそれをやってみよう。

instead
[instéd] イ**ンス**テッド

その代わりに

I used the stairs instead of the elevator.
私はエレベーターの代わりに階段を使った。

いろいろな副詞

really
[rí(ː)əli] リ(ー)アリ

本当に

疑心暗鬼

He still can't believe that he <u>really</u> died.
彼はまだ自分が本当に死んだことが信じられない。

else
[éls] エルス

そのほかに

Do you have anything <u>else</u> to tell me?
ほかに私に話すことはありますか？

 疑問詞や, some-, any-, every-, no- のつく語のあとに使う。

either
[íːðər] イーザ

(否定文で)〜もまた(…ない)
／(either A or Bで)AかBかどちらか

"I can't swim." "I can't, <u>either</u>."
「私は泳げない」「私も」

You can speak <u>either</u> in English or in Japanese.
英語で話しても日本語で話してもよい。

neither
[níːðər] ニーザ

(neither A nor Bで)AでもなくBでもない
形 (2つのうち)どちらの〜も…ない

He speaks <u>neither</u> English nor Japanese.
彼は英語も日本語も話さない。

LET'S STUDY
ENGLISH WORDS
WITH
MONSTER STRIKE!

その他の品詞

助動詞や前置詞,接続詞など,
これまでに出てきていない品詞をまとめてあります。
いずれも文章や文脈を正しく理解するために重要な品詞なので,
しっかり覚えましょう。

これを覚えると
英語の理解度がグンと
上がるのである！

助動詞

助動詞は動詞の前に置いて，その動詞にいろいろな意味をつけ加える単語であるぞ。助動詞のあとにくる動詞はいつも原形になることを覚えておくのである！

can
[kən]カン ★★★★★★①

助 〜することができる／〜でありうる

| 〜できる | I can swim.
私は泳げます。
I cannot swim./I can't swim.
私は泳げません。 |

 否定形はcannotと続けて書いたり，can'tと短縮したりする。can notと分けて書くことはあまりない。

| 〜してもよい | You can use my bike.
私の自転車を使ってもいいよ。 |
| 〜してくれますか? | Can you help me with this quest?
このクエスト手伝ってくれる? |

could
[kud]クド ★★★★★★②

助 (canの過去形)〜することができた／〜していただけますか?／〜してもよろしいですか?

| 〜できた | I could run fast when I was younger.
もっと小さかったときは速く走ることができた。 |
| 〜していただけますか? | Could you tell me the way to the station?
駅までの道を教えていただけますか? |

 Could you[I]〜?はCan you[I]〜?より丁寧な言い方。

will
[wəl]ウィル

助 (未来を表す)〜だろう
／〜するつもりだ, 〜しようと思う
／〜してくれませんか？ 〜しませんか？

★★★★★★ ②

〜だろう	It will be rainy tomorrow. 明日は雨だろう。
〜するつもりだ	We will practice hard to win the game. 試合に勝つために一生懸命練習するつもりだ。
〜してくれませんか？	Will you call me tonight? 今晩私に電話してくれませんか？

would
[wud]ウド

助 (willの過去形)〜だろう, 〜するつもりだ
／〜してくださいませんか？
／よく〜したものだった

★★★★★★ ②

〜だろう	I thought he would come to the party. 私は彼がパーティーに来るだろうと思った。
〜がほしい (would like 〜)	I would like some water. 水がほしいのですが。

 would like は want のていねいな言い方。

may
[mei]メイ

助 〜してもよい
／〜かもしれない, たぶん〜だろう

★★★★★★ ②

〜してもよい	You may go now. もう行ってもよろしい。
〜かもしれない	It may snow tomorrow. 明日は雪が降るかもしれない。

 May I 〜?「〜してもいいですか？」は Can I 〜? の丁寧な言い方。

must
[məst] マスト

助 ～しなければならない／～してはいけない／～にちがいない

～しなければいけない	I must help my mother. 私は母の手伝いをしなければならない。
～してはいけない (must not)	You must not play baseball here. ここで野球をしてはいけない。
～にちがいない	He must be at home. 彼は家にいるにちがいない。

shall
[ʃəl] シャル

助 (私が)～しましょうか？／(いっしょに)～しましょうか？

(私が) ～しましょうか？	"Shall I open the window?" "Yes, please." 「窓を開けましょうか？」「はい，お願いします」
(いっしょに) ～しましょうか？	"Shall we go shopping?" "Yes, let's." 「買い物に行きましょうか？」「ええ，そうしましょう」

should
[ʃʊd] シュド

助 ～すべきである，～したほうがいい／～するはずだ

～すべきである	You should get up earlier. あなたはもっと早く起きるべきだ。
～するはずだ	She should know about that. 彼女はそのことについて知っているはずだ。

接続詞

接続詞は語と語, 句と句, 節と節の間に置かれて前後をつなぐ役割をするのである。接続詞がわかると文章がスムーズに読めるようになるのであるぞ！

---

and
[ənd]アンド

接 **～と～, ～や～, そして**

★★★★★★ ①

文法的に対等の語・句・節を結ぶ。

- a notebook **and** a pen（ノートとペン）
- two hundred **and** sixty（260）

She is kind <u>and</u> smart.　彼女はやさしくて賢い。

---

but
[bət]バト

接 **しかし, だが**

★★★★★★ ①

文法的に対等で, 内容が対立関係にある語・句・節を結ぶ。

This bag is small <u>but</u> useful.
このかばんは小さいが便利だ。

---

or
[ər]オー

接 **または, あるいは**

★★★★★★ ①

文法的に対等の語・句・節を結ぶ。

Which do you like better, soccer <u>or</u> baseball?
サッカーと野球ではどちらのほうが好きですか？

---

if
[if]イフ

接 **もし～ならば**

★★★★★★ ②

<u>If</u> she calls me, I'll ask her about it.
もし彼女から電話があったら, それについて聞いてみよう。

till
[tíl] ティル

接 〜するまで（ずっと）
前 〜まで（ずっと）

★☆☆☆☆ ②

I can't go out till my mother comes home.
私は母が帰ってくるまで外出できない。

because
[bikɔ́ːz] ビコーズ

接 （なぜなら）〜だから, 〜なので

★★★★★ ①

・**because of 〜**（〔原因・理由〕〜のために）

however
[hauévər] ハウエヴァ

副 しかしながら, けれども

★★★★☆ ②

but より格式ばった語で, 使い方も異なる。
副詞なので語句や文を結ぶ機能はないが, 前の文と逆の内容を言うときに使い, 接続副詞ともいわれる。

than
[ðən] ザン

接 （比較級のあとで）〜よりも

★★★★★ ②

He is taller than I am.　　彼は私よりも背が高い。

話し言葉では than I am や than I do などの代わりに than me が使われることがある。
"He is taller than me."

though
[ðóu] ゾウ

接 〜だけれども, 〜にもかかわらず

★★★☆☆ ③

・**even though 〜**（〜ではあるが）

while
[(h)wáil] (ホ)ワイル

接 〜する間に
名 時間, （少しの）間

★★★★★ ③

・**for a while**（しばらくの間）　・**after a while**（しばらくして）

代名詞

名詞の代わりに使われる代名詞は，人称代名詞以外にもいろいろ種類があって，使い方もいろいろなのである。ここでは代表的な使い方を紹介するのである！

something
[sʌ́mθiŋ] **サ**ムスィング

代 何か, あるもの

★★★★★★ ②

ふつう肯定文で使う。

I want <u>something</u> cold to drink.
何か冷たい飲み物がほしい。

anything
[éniθiŋ] **エ**ニスィング

代 (疑問文で)何か／(否定文で)何も(〜ない)

★★★★★★ ②

疑問文・否定文で使う。

Is there <u>anything</u> you need?
何か必要なものはありますか？

I didn't do <u>anything</u> wrong.
私は何も間違ったことはしていない。

everything
[évriθiŋ] **エ**ヴリスィング

代 何でも, すべてのもの〔こと〕

★★★★★★ ①

Is <u>everything</u> OK?　すべて順調ですか？

nothing
[nʌ́θiŋ] **ナ**スィング

代 何も〜ない

★★★★★★ ③

I have <u>nothing</u> to eat.　何も食べるものがない。

someone
[sʌ́mwʌn] **サ**ムワン
代 だれか, ある人

★★★★★ ②

ふつう肯定文で使う。

There is someone outside. 外にだれかいる。

anyone
[éniwʌn] **エ**ニワン
代 (疑問文で)だれか／(否定文で)だれも(〜ない)

★★★★★ ③

疑問文・否定文で使う。

There isn't anyone there. そこにはだれもいない。

everyone
[évriwʌn] **エ**ヴリワン
代 だれでも, みんな

★★★★★ ①

Hello, everyone. こんにちは, みなさん。

everybody
[évribɑdi] **エ**ヴリバディ
代 だれでも, みんな

★★★★★ ②

everyoneより口語的。

Everybody knows him. みんなが彼を知っている。

nobody
[nóubɑdi] **ノ**ウバディ
代 だれも〜ない

★★★★★ ③

Nobody is in the room. 部屋にはだれもいない。

myself
[maisélf] マイ**セ**ルフ
代 私自身を, 私自身に

★★★★★ ③

Let me introduce myself. 自己紹介させてください。
・**by myself** (ひとりで, 自力で) ・**for myself** (自分のために)

人称代名詞に"-self(-selves)"がついた代名詞を再帰代名詞という。

ourselves
[auərsélvz] アウア**セ**ルヴズ

代 私たち自身を, 私たち自身に

We bought a cake for ourselves.
私たちは自分たちのためにケーキを買った。

yourself
[juərsélf] ユア**セ**ルフ

代 あなた自身を, あなた自身に

- Please **take care of yourself**. (ご自愛ください)
- Please **help yourself**. (ご自由にお食べください)

yourselves
[juərsélvz] ユア**セ**ルヴズ

代 あなたたち自身を, あなたたち自身に

Did you solve the problem by yourselves?
あなたたちは自分たちでその問題を解決したのですか？

himself
[himsélf] ヒム**セ**ルフ

代 彼自身を, 彼自身に

He bought the book for himself.　彼は自分のためにその本を買った。

herself
[hə:rsélf] ハ〜**セ**ルフ

代 彼女自身を, 彼女自身に

The woman lives by herself.　その女性はひとりで暮らしている。

itself
[itsélf] イト**セ**ルフ

代 それ自身を, それ自身に

The cat hurt itself.　そのネコはけがをした。

themselves
[ðemsélvz] ゼム**セ**ルヴズ

代 彼ら自身を〔に〕,
彼女ら自身を〔に〕,
それら自身を〔に〕

himself, herself,
itselfの複数形。

疑問詞

what
[(h)wát] (ホ)**ワット**

代 何, どんなもの, どんなこと
形 何の, 何という, どんな

What is that?　あれは何ですか?
What time is it?　何時ですか?

 不特定のものの中から「何」とたずねるときに使う。

who
[húː] **フー**

代 だれ, だれが

Who is that woman?
あの女性はだれですか?

I don't know who that man is.
私はあの男の人がだれだか知らない。

why
[(h)wái] (ホ)**ワイ**

副 なぜ

・**Why don't you** 〜? (〜してはどうですか?)

Why are you late?　なぜ遅れたのですか?

 "Why〜?" に対して, 理由を答えるときは "Because〜", 目的を答えるときは "To do 〜" で答える。

when
[(h)wén] (ホ)**ウェン**

副 いつ
接 〜するとき

When is your birthday?
あなたの誕生日はいつですか?

When I came home, my mother was cooking.
帰宅したとき, 母は料理していた。

where
[(h)wéər] (ホ)**ウェア**

副 どこに〔へ〕

Where is your umbrella?　あなたの傘はどこですか？
Where did you go?　あなたはどこへ行きましたか？
Where are you from?　どちらのご出身ですか？

which
[(h)wítʃ] (ホ)**ウィッチ**

代 どちら, どれ, どちらの〔どの〕人
形 どちらの, どの

Which is yours?
どちら〔どれ〕があなたのですか？

Which do you like better, summer or winter?
夏と冬ではどちらが好きですか？

whose
[húːz] **フーズ**

代 だれの, だれのもの

Whose textbook is this?
これはだれの教科書ですか？

Do you know whose textbook this is?
これがだれの教科書か知っていますか？

how
[háu] **ハウ**

副 どのようにして, どんなふうに

・How are you?（お元気ですか？）

How do you go to school?
あなたはどうやって学校へ行きますか？

前置詞

前置詞は名詞や代名詞の前について、場所や時、方向、目的などを表す語なのである。前置詞の使われ方はいろいろだから、名詞とセットで覚えると良いのであるぞ！

in
[in]イン

★★★★★★★ ①

前 〜の中に、〜に、〜で
副 中へ、中に

- He lives **in New York**. (彼はニューヨークに住んでいる。)
- speak **in English** (英語で話す)
- **in a few minutes** (数分後に)
- **in** the west (西に)
- **in a hurry** (急いで)

on
[ɑn]アン

★★★★★★★ ①

前 〜の上に、〜に乗って、〜の身につけて
副 上に

- **on** the table (テーブルの上に)
- **on** October 10th (10月10日に)
- **put on** (着る)
- **get on** a bus (バスに乗る)
- **on TV** (テレビで)
- **on the wall** (壁に)

 onは表面に接していることを表し、上にあるとは限らない。

at
[ət]アト

★★★★★★★ ①

前 〜に、〜で

- **arrive at** 〜 (〜に到着する)
- **look at** 〜 (〜を見る)
- **at six** (六時に〜)
- **at the door** (玄関に)

 atとinが「場所」を表す場合、atは地点や比較的せまい場所、inは比較的広い場所に使う。
at the station(駅で), in the town(町で)

for
[fər] フォ

前 〜のために〔の〕

- **for two weeks**（2週間の間）
- **look for** 〜（〜を探す）
- **wait for** 〜（〜を待つ）
- **go for** a walk（散歩に行く）

by
[bái] バイ

前 〜によって／〜のそばに
副 そばに

There is a chair <u>by the window</u>.
窓のそばにいすがある。

- **by train**（電車で）
- **by e-mail**（Eメールで）

to
[tu] トゥ

前 〜へ, 〜に, 〜の方へ

- **listen to** music（音楽を聞く）
- **from** nine **to** five（9時から5時まで）

I will take everybody <u>to heaven</u>, with my heavenly music ♪
天上の音楽で、みんなを極楽に連れてっちゃうよー♪

弁財天

with
[wið] ウィズ

前 〜といっしょに, 〜とともに

I went to the park <u>with them</u>.
私は彼らと公園に行った。

He lives in <u>a house with a garden</u>.
彼は庭つきの家に住んでいる。

without
[wiðáut]ウィ**ザ**ウト

前 〜なしで

We can't live without a car in this village.
この村では車なしでは生活できない。

of
[əv]オヴ

前 〜の

- **a cup of** coffee（一杯のコーヒー）
- **think of** 〜（〜のことを考える）
- some **of them**（彼らのうちの何人か）

> The power of the fox spirit is amazing♪
> 妖狐の力は凄いんだから♪

about
[əbáut]ア**バ**ウト

前 〜について, 〜に関する
副 約, およそ

- a book **about** animals（動物についての本）
- **How**[What] **about** 〜?（〜はどうですか?）

after
[ǽftər]**ア**フタ

前 〜のあとに
接 〜したあとで, 〜してから

- **after school**（放課後）　　・**after** dinner（夕食のあとに）

Repeat after me.　　私のあとに続けて言ってください。
I ran after the cat.　　私はそのネコを追って走った。

before
[bifɔ́ːr]ビフォー

前 〜の前に
接 〜する前に, 〜しないうちに

- **before** lunch (昼食の前に)
- **before** long (やがて, まもなく)

> A little break, before showing the vision…
> ヴィジョンを見せる前に、一休み、一休みぃ〜… ⓈⓈ

ラミエル

around
[əráund]アラウンド

前 〜の周りに
副 周りに〔を〕

アメリカでよく使う。イギリスではroundを使うことが多い。

- people **around** the world (世界中の人々)
- look **around** (あたりを見回す)
- turn **around** (ふり返る)

We sat around the table.　私達はテーブルを囲んで座った。

over
[óuvər]オウヴァ

前 〜の上に, 〜の上方に
副 あちらへ, こちらへ

- jump **over** the wall (へいを跳び越える)
- **over** the weekend (週末の間)

under
[ʌ́ndər]アンダ

前 〜の下に〔で〕

Your bag is under the chair.
あなたのかばんはいすの下にあります。

from
[frəm] フロム

前 〜から

He is from China.
彼は中国出身だ。

I will give you something nice if you can escape from here ♡
ここから脱出できたら良いものあげちゃおっかな♡

約束の地を描く者 カナン

along
[əlɔ́ːŋ] アローング

前 〜に沿って, 〜づたいに

- walk **along** the street (通りを歩く)
- walk **along** the river (川に沿って歩く)

as
[əz] アズ

前 〜として
接 〜するとき

- **as** you know (ご存じのように)

He worked as a doctor.
彼は医者として働いた。

She studied as she listened to music.
彼女は音楽を聞きながら勉強した。

behind
[biháind] ビハインド

前 〜の後ろに
副 後ろに, あとに

- **behind** the house (家の裏に)
- **look behind** (後ろを見る)

between
[bitwíːn] ビト**ウィ**ーン
前 (2人・2つのもの)の間に〔で〕
★★★★★ ②

- **between** five and six (5時と6時の間)

He sat between his parents.
彼は両親の間に座った。

during
[djúəriŋ] **デュ**(ア)リング
前 〜の間ずっと，〜じゅう／〜の間(のいつか)に
★★★★★★ ②

- **during** the summer vacation (夏休み中)
- **during** my stay (私の滞在中)

inside
[insáid] イン**サ**イド
前 〜の内側に，〜の内部に
副 内側に，内部に，屋内で
★★★★ ②

- **go inside** (中に入る)

I feel like I'm in a dream inside here...
こん中は夢見心地だぁぁ〜…

こたつむり

into
[íntu] **イ**ントゥ
前 〜の中へ
★★★★★★ ②

- **go into** the room (部屋に入る)

through
[θrúː] ス**ル**ー
前 〜を通り抜けて，〜を通って
★★★★★★ ②

- walk **through** the park (公園を歩いて通り抜ける)

until
[ʌntíl] アンティル

前 ～まで(ずっと)
接 ～するまで(ずっと)

> I won't stop <u>until</u> I destroy the target!!
> 標的ぶっ壊すまで、俺は止まらねぇ!!

爆裂暴走兵器 パン・ジャジャーン

above
[əbʌ́v] アバッ

前 ～の上に, ～より高く
副 上に, 頭上に

I can see a bright star <u>above the mountain</u>.
山の上に輝く星が見える。

below
[bilóu] ビロウ

前 ～より下に, ～の下の方に
副 下に

I could see Mt. Fuji <u>below</u> me from the airplane.
飛行機から眼下に富士山が見えた。

 underは「真下にある」ことを表すのに対し、belowは真下とはかぎらず、「下の方にある」ことを表す。

across
[əkrɔ́ːs] アクロース

前 ～を横切って, ～を横断して
副 横切って, 向こう側に

・swim **across** the river (川を泳いで渡る)

beside
[bisáid] ビサイド

前 ～のそばに, ～と並んで

I sat <u>beside</u> him.
私は彼のそばに座った。

against
[əɡénst] アゲンスト

前 ～に逆らって，～に反対して

> You stand against me...
> How lovely you guys are... ♡
> 妾に歯向かうか…愛い奴らよのぅ…♡ ⓈⓈ

栄華を極めし女王 クレオパトラ

among
[əmʌ́ŋ] アマング

前 (3人・3つ以上のもの)の間に〔で〕，～の中に〔で〕

- **among** young people (若者の間で)

since
[síns] スィンス

前 ～以来(ずっと)，～から(ずっと)
接 ～して以来(ずっと)

We have lived here since last year.
私達は昨年からここに住んでいる。

toward
[tɔ́:rd] トード

前 ～の方へ，～に向かって

We headed straight toward the north.
私達は北へまっすぐ向かった。

within
[wiðín] ウィズィン

前 (時間・距離)～以内で〔に〕

I'll be back within an hour.
1時間以内に戻ってきます。

間投詞

間投詞は喜びや驚きなどの感情を表したり，呼びかけを表したりする語であるぞ。いわば，会話をスムーズに進めてくれる潤滑油のような言葉なのである！

★★★★★★★ ①

hello
[helóu] ヘロウ

間 こんにちは，やあ／(電話で)もしもし
名 「こんにちは」というあいさつ

 一日中いつでも使える気軽なあいさつ。

Hello, Mike! How are you?
こんにちは，マイク！ 元気にしてますか？

Hello, this is Jane speaking.
(電話で)もしもし，こちらはジェーンです。

★★★★★★★ ①

hi
[hái] ハイ

間 こんにちは，やあ

 helloよりもくだけた言い方。

"Hi, Bill! What's up?" "Nothing much. What about you?"
「やあ，ビル！ 調子はどう？」「変わりないよ。そっちは？」

★★★★★★ ②

hey
[héi] ヘイ

間 やあ，おい，ちょっと

 呼びかけ・驚き・喜びなどを表す。

Hey, can you help me with this quest?
ねえ，このクエスト手伝ってくれない？

oh
[óu] オウ

間 おお, おや, まあ, あら

 驚き・喜び・悲しみなどいろいろな感情を表す。

Oh, thank you for doing the dishes!
あら, 皿洗いしてくれてどうもありがとう!

wow
[wáu] ワウ

間 うわあ, わあ, まあ

 驚き・喜びなどを表す。

Wow! That's nice!　わあ! それはいいね!

bye
[bái] バイ

間 さようなら, バイバイ

 goodbyeのくだけた言い方。

I'll call you later. Bye.　あとで電話するね。バイバイ。

goodbye
[gudbái] グドバイ

間 さようなら
名 別れのあいさつ

Goodbye, everybody.　みなさん, さようなら。

That's all!　これで終わりなのである!
お疲れ様でしたなのであ〜る!!

INDEX さくいん

見出し語になっている英単語をアルファベット順に配列しています。
数字は掲載ページを表します。

A

a	15
able	162
about	194
above	198
abroad	167
accept	97
accident	65
across	198
act	104
action	75
actor	67
actually	179
add	127
addition	78
address	68
adult	30
adventure	75
advice	73
afraid	134
Africa	61
after	194
afternoon	24
again	172
against	199
age	72
ago	169
agree	103
ahead	166
air	39
airport	68
all	139
allow	129
almost	173
alone	178
along	196
already	170
also	179
always	171
am	14
a.m.	24
amazing	157
America	60
American	61
among	199
an	15
and	185
angry	134
animal	33
anime	56
another	163
answer	103
ant	35
any	140
anyone	188
anything	187

anyway	179
anywhere	168
apple	42
April	20
aquarium	69
are	14
area	74
arm	27
around	195
arrive	92
art	56
artist	67
as	196
ask	102
astronaut	66
at	192
athlete	67
attack	109
attention	76
August	20
aunt	32
Australia	61
Australian	61
autumn	21
away	178

B

baby	30
back	27, 178
bacon	41
bad	143
badminton	54
bag	59
bake	101
bakery	69
ball	55
bamboo	36
banana	42
band	57
bank	69
baseball	54
basketball	54
bat	35
bath	48
bathroom	48
be	14
beach	37
bean	42
bear	34
beautiful	151
because	186
become	115
bed	48
bedroom	47
beef	41
been	14
before	195
begin	114
behind	196
believe	106
bell	57
below	198
belt	58
beside	198
best	143
better	143

between	197
bicycle	64
big	145
bike	64
billion	16
bird	35
birthday	22
black	25
blind	159
blossom	36
blow	124
blue	25
board	49
boat	64
body	27
bomb	76
book	48
bookstore	69
boring	148
born	120
borrow	110
both	140
bottle	45
bowl	46
box	49
boy	30
branch	36
brave	149
Brazil	60
bread	40
break	109
breakfast	46
bridge	68
bright	156
bring	111
British	61
brother	32
brown	25
brush	49
build	128
building	68
burn	130
bus	64
business	65
busy	148
but	185
butterfly	35
button	58
buy	98
by	193
bye	201

C

cabbage	42
cactus	36
cafeteria	69
cake	41
calendar	20
call	88
camera	50
camp	112
can	49, 182
Canada	60
Canadian	61
cap	59
capital	62

captain	54	chicken	41
car	64	child	30
card	49	children	30
care	71, 117	China	60
careful	158	Chinese	62
carpenter	65	chocolate	41
carrot	42	choice	76
carry	111	choose	129
case	51	chopsticks	46
castle	70	chorus	57
cat	33	Christmas	22
catch	95	church	70
cause	125	city	68
CD	50	class	52
celebrate	116	classmate	53
cent	72	classroom	52
center	74	clean	119
century	20	clear	101, 156
certainly	174	clerk	70
chair	48	clever	150
challenge	115	climate	37
champion	56	climb	93
chance	76	clock	24
change	115	close	86, 159
character	75	clothes	58
charity	76	cloud	37
cheap	154	cloudy	138
check	102	club	55
cheek	29	coach	54
cheer	105	coat	58
chef	66	coffee	44
cherry	43	cold	137
chest	27	collect	118

college	53
color	25
come	83
comic	49
common	163
communication	73
company	70
computer	50
concert	71
connect	127
contest	77
continent	39
continue	123
control	125
convenience store	69
cook	66
cooking	40
cool	137
corn	42
corner	74
cost	99
costume	59
could	182
count	99
country	60
course	74
cousin	32
cover	122
cow	34
crane	35
create	108
cry	105
cucumber	42
culture	57
cup	45
curry	40
custom	78
customer	69
cut	127
cute	151

D

dad	31
daily	153
damage	109
dance	55, 125
dangerous	158
dark	138
date	22
daughter	32
day	22
dead	158
dear	165
December	20
decide	128
decision	75
deep	159
deer	34
delicious	160
dentist	66
department store	69
design	78
designer	67
desk	48
dessert	41
destroy	109

diary	49
dictionary	51
die	120
difference	78
different	155
difficult	154
dinner	46
disappear	120
discover	122
dish	45
do	80
doctor	66
dog	33
doll	49
dollar	72
dolphin	35
door	47
down	168
Dr.	66
draw	91
dream	75, 113
dress	59
drink	44, 100
driver	66
drop	95
drum	57
duck	35
during	197
DVD	50

E

each	140
ear	29
early	175
earth	39
earthquake	39
east	63
easy	154
eat	100
effort	75
egg	41
Egypt	60
eight	16
eighteen	16
eighteenth	17
eighth	17
eightieth	17
eighty	16
either	180
elbow	27
electricity	50
elementary	152
elephant	34
eleven	16
eleventh	17
else	180
e-mail	50
empty	154
encourage	107
end	114
energy	78
engineer	67
England	61
English	52, 62
enjoy	105
enough	141

enter	92	fall	21, 96
entrance	74	family	31
environment	39	famous	157
eraser	51	fan	56
especially	174	far	167
Europe	60	farm	68
even	173	farmer	65
evening	24	fast	147
event	77	father	31
ever	172	favorite	157
every	139	February	20
everybody	188	feel	104
everyone	188	feeling	71
everything	187	festival	77
everywhere	168	few	141
exactly	174	field	55
exam	53	fifteen	16
example	76	fifteenth	17
excellent	160	fifth	17
excited	135	fiftieth	17
exciting	149	fifty	16
excuse	107	fight	125
expensive	154	fill	101
experience	77, 123	final	163
explain	103	finally	170
express	104	find	123
eye	28	fine	144
eyebrow	28	finger	27
eyelid	28	finish	121
		fire	39

F

face	28	first	17
fact	76	fish	35
		fit	119

five	16	frog	33
fix	109	from	196
flight	64	front	74
floor	47	fruit	42
flower	36	full	154
flute	57	fun	71
fly	93	funny	150
folk	46	future	24

G

food	40		
foot	27	game	56
football	54	garden	47
for	193	gate	70
foreign	161	gather	96
forest	38	gentleman	31
forever	171	German	62
forget	121	Germany	60
form	95	gesture	73
fortieth	17	get	84
forty	16	gift	77
forward	166	giraffe	34
four	16	girl	30
fourteen	16	give	83
fourteenth	17	glad	135
fourth	17	glass	45
fox	34	glasses	59
France	61	go	82
free	162	goal	55
French	62	god	75
fresh	156	gold	25
Friday	22	good	143
friend	33	goodbye	201
friendship	75	government	78

grade	53	have	81
graduate	128	Hawaii	62
grandchild	32	he	9
grandfather	32	head	27
grandmother	32	headache	28
grandparent	32	health	28
grape	43	hear	87
grass	36	heart	28
gray	25	heat	130
great	144	heavy	147
green	25	heel	27
ground	55	hello	200
group	78	help	118
grow	115	her	10
guess	102	here	166
guest	77	hero	75
guide	63, 112	hers	12
guitar	57	herself	189
gym	55	hey	200

H

hair	28	hi	200
half	72	high	146
hall	70	hill	38
hamburger	40	him	11
hand	27	himself	189
happen	126	his	10, 12
happiness	71	history	52
happy	134	hit	95
hard	175	hobby	57
harvest	118	hold	122
hat	58	hole	76
hate	116	holiday	22
		home	47
		homestay	63

homework	53	influence	73, 107
hope	116	information	73
horse	34	injure	117
hospital	69	insect	35
host	77	inside	197
hot	137	instead	179
hotel	70	interested	135
hour	23	interesting	149
house	47	international	161
how	191	Internet	50
however	186	interview	73, 128
human	33, 164	into	197
hundred	16	invent	108
hundredth	17	invite	97
hungry	136	is	14
hurry	94	island	38
hurt	117	it	9
husband	33	Italian	61
		Italy	60
		its	10
		itself	189

I

I	9
ice	44
idea	75
if	185
imagine	106
importance	76
important	157
impress	106
improve	114
in	192
increase	114
India	60
Indian	61

J

jacket	58
January	20
Japan	60
Japanese	52, 62
job	65
join	96
joke	104
journalist	66
joy	71
juice	44

July	20
jump	93
June	20
junior	152
just	170

K

keep	97
key	47
kid	30
kill	120
kilometer	72
kind	150
king	67
kitchen	47
knee	27
knife	46
know	91
koala	35
Korea	60
Korean	61

L

lady	31
lake	38
land	38
language	62
large	146
last	153
late	148
later	169
laugh	105
law	76
lawyer	65
lay	122
lead	114
leader	78
leaf	36
learn	90
leave	92
left	164
leg	27
lemon	43
lend	110
leopard	34
lesson	52
let	126
letter	48
lettuce	42
level	76
library	70
lie	103
life	77
light	68
like	81
line	74
lion	34
lip	29
listen	87
little	141
live	120
local	161
London	62
long	147
look	86
lose	96

lot	72
loud	155
love	116
low	146
luck	71
lucky	160
lunch	46

M

machine	51
magazine	48
magic	75
main	163
make	84
man	30
many	142
map	63
March	20
mask	77
match	56
math	52
matter	76, 126
May	20
may	183
maybe	177
me	11
meal	46
mean	131
meat	41
medicine	49
meet	97
melon	43
member	56
memory	77
menu	46
message	73
meter	72
middle	74
midnight	24
milk	44
million	16
mind	71, 106
mine	12
minute	23
miss	105
mistake	103
mom	31
moment	24
Monday	22
money	72
monkey	33
month	20
moon	39
more	142
morning	24
most	142
mother	31
mountain	38
mouse	34
mouth	29
move	94
movie	56
Mr.	31
Mrs.	31
Ms.	31
much	142

museum	70
mushroom	42
music	52
musician	67
must	184
my	10
myself	188

N

nail	28
name	31
national	161
natural	156
nature	37
near	167
necessary	162
neck	27
need	129
neighbor	33
neither	180
nervous	135
never	177
new	152
New York	62
New Zealand	61
news	73
newspaper	48
next	153
nice	144
night	24
nine	16
nineteen	16
nineteenth	17
ninetieth	17
ninety	16
ninth	17
no	176
nobody	188
noodle	40
noon	24
north	63
nose	29
not	176
notebook	51
nothing	187
November	20
now	169
number	16
nurse	66

O

ocean	38
o'clock	169
October	20
octopus	35
of	194
off	178
office	70
officer	65
often	172
oh	201
oil	45
OK	145
old	152
on	192
once	172

one	16
onion	42
only	159
open	86
opinion	73
or	185
orange	25, 42
order	98
original	156
other	163
our	10
ours	12
out	167
outside	167
over	195
own	99, 164

P

page	51
pain	71
paint	91
painting	57
pair	72
panda	35
pants	58
paper	49
pardon	78
parent	31
Paris	62
park	68
part	72
party	77
pass	94
passport	63
past	153
patient	66
pay	98
P.E.	52
peace	76
peach	43
pear	43
pen	51
pencil	51
people	30
percent	72
perfect	145
perform	124
performance	71
perhaps	177
period	24
person	30
personal	161
pet	33
phone	50
photo	57
photographer	67
piano	57
pick	95
picture	57
piece	72
pig	34
pilot	66
pineapple	43
pink	25
pizza	40
place	74, 131

plan	108
plane	64
plant	36
plastic	49
plate	45
platform	64
play	80
player	54
please	176
p.m.	24
pocket	58
point	55, 127
police	65
police box	69
polite	150
pollution	39
pool	55
poor	151
popular	157
pork	41
positive	135
possible	162
post	111
postcard	48
pot	45
potato	42
power	50
powerful	149
practice	55, 114
pray	131
prepare	101
present	77
president	67
pretty	151
print	132
prize	77
problem	78
produce	108
professional	163
program	77
promise	131
protect	131
proud	136
public	161
purple	25
purpose	76
push	127
put	97

Q

question	73
quick	148
quickly	175
quiet	155
quite	174
quiz	77

R

rabbit	33
race	56
racket	55
radio	50
radish	42
rain	37
rainbow	37
rainy	138

raise	128	road	68
rat	34	robot	51
reach	94	rock	38
read	91	roof	47
ready	162	room	47
real	156	root	36
realize	129	rope	49
really	180	rose	36
reason	76	round	164
receive	110	rule	76, 132
recipe	45	ruler	51
recycle	130	run	89
red	25	Russia	61
reduce	130	Russian	61
remember	121		
remind	123	**S**	
remove	119	sad	134
repair	109	safe	158
report	73	salad	40
reporter	66	salmon	35
rescue	117	salt	44
respect	116	same	155
rest	78	sand	37
restaurant	69	sandwich	40
return	110	Saturday	22
reuse	130	sauce	45
rice	40	save	117
rich	151	say	87
ride	132	scene	75
right	144	school	53
ring	59, 132	science	52
rise	113	scientist	67
river	38	scissors	51

sea	38	shoulder	27
season	21	shout	124
seat	71	show	102
second	17, 23	shrine	70
see	85	shy	150
seed	36	sick	158
sell	98	side	74
send	111	sightseeing	63
separate	118	sign	74, 111
September	20	silver	25
serious	151	similar	159
serve	101	simple	145
set	113	since	199
seven	16	sing	124
seventeen	16	singer	67
seventeenth	17	sister	32
seventh	17	sit	93
seventieth	17	situation	78
seventy	16	six	16
several	140	sixteen	16
shake	125	sixteenth	17
shall	184	sixth	17
share	118	sixtieth	17
she	9	sixty	16
sheep	34	size	72
ship	64	skate	113
shirt	58	ski	113
shock	116	skiing	55
shoe	58	skill	75
shoot	130	skin	28
shop	69, 99	skirt	59
short	146	sky	39
should	184	sleep	92

sleepy	136	Spain	60
slow	147	Spanish	62
slowly	175	speak	88
small	145	special	160
smart	149	speech	73
smell	45, 100	spend	98
smile	104	spice	45
snack	46	spirit	71
snake	33	sport	54
snow	37	spread	124
snowy	138	spring	21
so	173	stadium	71
soccer	54	stage	71
social studies	52	stair	47
soda	44	stand	93
soft	160	star	39
solar	138	start	126
solve	121	station	68
some	139	statue	68
someday	170	stay	112
someone	188	steak	41
something	187	step	77, 115
sometimes	172	still	170
somewhere	168	stomach	27
son	32	stomachache	28
song	56	stone	38
soon	175	stop	89
sorry	136	store	69
sound	124	story	73
soup	41	straight	166
south	63	strange	159
space	39	strawberry	43
spaghetti	40	street	68

strong	155
student	53
study	90
style	78
subject	52
such	165
suddenly	171
sugar	44
summer	21
sun	39
Sunday	22
sunny	137
supermarket	69
supper	46
support	107
sure	165
surprise	106
sweater	58
sweet	160
swim	113
swimming	55
Sydney	62
symbol	78
system	78

T

table	48
table tennis	54
tail	28
take	84
talk	88
tall	146
taste	45, 100
taxi	64
tea	44
teach	90
teacher	53
team	54
teammate	54
teamwork	56
tear	71
tell	85
temperature	37
temple	70
ten	16
tennis	54
tenth	17
terrible	134
test	53
textbook	51
than	186
thank	107
that	13
the	15
theater	70
their	10
theirs	12
them	11
themselves	189
then	169
there	166
these	13
they	9
thing	78
think	121
third	17

thirsty	136
thirteen	16
thirteenth	17
thirtieth	17
thirty	16
this	13
those	13
though	186
thousand	16
three	16
through	197
throw	95
Thursday	22
ticket	71
tiger	34
till	186
time	23
tired	136
to	193
toast	40
today	23
toe	27
together	178
toilet	48
tomato	42
tomorrow	23
tonight	24
too	173
tooth	29
top	74
touch	96
tour	63
tournament	56
toward	199
tower	70
town	68
toy	49
track	65
tradition	78
traditional	153
traffic	65
train	64
travel	112
treasure	75
tree	36
trick	75
trip	63
trouble	78, 126
true	164
try	123
T-shirt	59
tube	65
Tuesday	22
turkey	35
turn	127
turtle	35
TV	50
twelfth	17
twelve	16
twentieth	17
twenty	16
twenty-first	17
twice	172
two	16
type	132

U

U.K.	61
umbrella	59
uncle	32
under	195
understand	90
underwear	59
uniform	53
United States	60
university	53
until	198
up	168
upset	135
us	11
use	110
useful	157
usually	171

V

vacation	63
vegetable	42
very	173
video	50
view	63
village	68
vinegar	45
violin	57
visit	112
visitor	63
voice	29
volleyball	54
volunteer	76

W

wait	129
waiter	66
wake	92
walk	89
wall	47
want	82
war	76
warm	137
was	14
wash	119
waste	99
watch	24, 85
water	44
watermelon	43
wave	37
way	74
we	9
weak	155
wear	119
weather	37
website	50
Wednesday	22
week	22
weekend	22
welcome	165
well	179
were	14
west	63
whale	35
what	190
when	190
where	191

Word	Page
which	191
while	186
white	25
who	190
whole	164
whose	191
why	190
wide	147
wife	33
wild	156
will	183
win	96
wind	37
window	47
windy	138
winter	21
wish	132
with	193
within	199
without	194
woman	30
wonder	102
wonderful	149
wood	38
word	73
work	108
world	60
worry	105
worse	143
worst	143
would	183
wow	201
wrap	122
write	91
writer	66
wrong	144

Y

Word	Page
year	20
yellow	25
yen	72
yes	176
yesterday	23
yet	177
you	9
young	152
your	10
yours	12
yourself	189
yourselves	189

Z

Word	Page
zero	16
zoo	68

PROFILE >>>

監修：XFLAG™ スタジオ

株式会社ミクシィのXFLAG™（エックスフラッグ）スタジオは、"ケタハズレな冒険を。"のスローガンのもと、「モンスターストライク（通称モンスト）」を始めとしたゲームアプリや映像コンテンツ、e-Sportsなど、友達や家族が集まってワイワイ楽しめる"アドレナリン全開"のバトルエンターテインメントを提供しています。

英語監修：鈴木健司

同志社女子大学学芸学部国際教養学科教授。東京外国語大学大学院地域研究研究科修了。専門は北米地域研究。アメリカとカナダにおけるナショナリズムや国民を統合する仕組みに関する問題などを中心に研究している。

ENGLISH WORD BOOK FOR STRIKERS

モンスターストライクで攻略する中学英単語1300

2018年10月24日　第1刷発行

監修	XFLAG™ スタジオ
英語監修	鈴木健司
カバーデザイン	諸橋藍（釣巻デザイン室）
本文デザイン	佐藤真琴（株式会社鷗来堂 組版装幀室）
編集協力	株式会社カルチャー・プロ
DTP	佐藤真琴（株式会社鷗来堂 組版装幀室）
発行者	北畠輝幸
発行所	株式会社 集英社 〒101-8050　東京都千代田区一ツ橋2-5-10 電話　編集部 03-3230-6246（みらい文庫編集部） 　　　読者係 03-3230-6080 　　　販売部 03-3230-6393（書店専用）
印刷・製本	凸版印刷株式会社

ISBN978-4-08-780856-8　C2076
©XFLAG 2018　Printed in Japan

※ゲームの内容などについては、下記のURLからお問い合わせください。
[モンストお客様サポート係]
http://www.monster-strike.com/support

※"モンスターストライク"、"モンスト"、"MONSTER STRIKE"、"オラゴン"は株式会社ミクシィの商標および商標登録です。

定価はカバーに表示してあります。造本には十分注意しておりますが、乱丁、落丁（ページ順序の間違いや抜け落ち）の場合は、送料小社負担にてお取替えいたします。購入書店を明記の上、集英社読者係あてにお送りください。但し、古書店で購入したものについてはお取替えできません。
本書の一部、あるいは全部を無断で複写（コピー）、複製することは、法律で認められた場合を除き、著作権の侵害となります。また、業者など、読者本人以外による本書のデジタル化は、いかなる場合でも一切認められませんのでご注意ください。